D1558781

«Maintenant, tu restes dans ton lit!»

« C'est la vie aussi »
Collection dirigée par Bernadette Costa-Prades

« Même le tigre a besoin de sommeil. »

À mon nounours,
Stéphane Clerget.

Dr Stéphane Clerget
Anne Lamy

« Maintenant, tu restes dans ton lit ! »

Albin Michel

Introduction

Si l'on annonçait aux parents: «Un bon tiers de la vie de votre petit vous échappe. Et ce temps-là est responsable de son éveil intellectuel, de son équilibre et de sa santé future», ils penseraient aussitôt: «C'est l'école!» Ce n'est pourtant pas de l'école qu'il s'agit, mais du sommeil. En effet, votre enfant consacre le tiers de sa vie, parfois même un peu plus, à dormir. Dans son lit à barreaux, ou superposé, se déroulent des choses tout à fait essentielles à sa croissance. La nuit, le tout-petit grandit, se fabrique un cerveau bien ordonné, digère les émotions de la journée. Bref, il se prépare à être un enfant en forme et bien dans sa peau. Et pourtant, le plus souvent, on ne le sait pas. Peut-être parce que notre société, qui prône le mouvement perpétuel, n'a que faire de ces heures où l'on ne fait rien. «Que de temps perdu à dormir!» soupirent certains, tandis que d'autres se glissent avec délice sous leur couette! Car tout le monde n'est pas logé à la même enseigne...

Et les enfants ne sont pas différents. Il y a les couche-tard, les jamais fatigués. Les contents d'aller au lit; les contents de se coucher, mais encore plus contents de se relever

«Maintenant, tu restes dans ton lit!»

pour vous rejoindre dans votre lit (cinq fois par nuit); les agités nocturnes, un peu bruyants; les râleurs qui détestent se coucher et encore plus se lever le matin. Et, face à eux, il y a les parents, avec un degré de tolérance au manque chronique de sommeil très variable, qui découvrent, effarés, qu'on peut aller travailler sans avoir fermé l'œil de la nuit, que l'on peut vivre des mois sans passer une seule bonne nuit de sommeil; et qui oublient le sens même du terme «grasse matinée»...

Et puis, un jour, ces mêmes parents déboussolés, excédés, épuisés, décident que c'en est assez. Ils en parlent alors au généraliste, au pédiatre ou au pédopsychiatre. Le sommeil a cela de particulier: c'est vraiment lorsque les parents n'en peuvent plus qu'ils attaquent le problème de front. Et ils découvrent, stupéfaits, que le coucher de l'enfant, qui tournait au cauchemar depuis des semaines, peut redevenir un moment de détente et de tendresse. Souvent, quelques jours suffisent.

Vous aider à retrouver des nuits calmes est l'objectif premier de ce livre. Alors, bonne nuit, les petits. Et bonne nuit, les parents, aussi!

Chapitre 1
Les voleurs de sommeil

Attendrissante, la scène d'un enfant qui dort pelotonné contre son nounours ? Elle semble parfois inaccessible, tant nos journées surchargées et l'omniprésence des écrans ont raccourci nos nuits. De plus, avant d'aller se coucher, il faut d'abord accepter de se séparer pour la nuit, ce qui n'est pas toujours aisé, pour les enfants comme pour leurs parents !

▩ La vie moderne et le sommeil

Au fil des siècles, les rythmes de nos vies ont bien changé. Avant-hier, nos grands-parents se levaient en même temps que leurs poules, s'activaient pendant qu'il faisait jour, le plus souvent dehors, et se couchaient tôt car ils n'avaient pas toujours l'électricité s'ils voulaient veiller. Une génération plus tard, d'autres métiers ont émergé, les foyers ont bénéficié de logements dotés du confort moderne : l'électricité, bien sûr, mais surtout la télévision. Peu à peu, cette invitée permanente à la maison a rythmé le coucher de milliers d'enfants. Quand nous étions petits, la séance «Pipi-les-dents-au-lit» commençait vers 20h10 et se concluait par un bisou aux parents à 20h30, avant que le film commence…

Aujourd'hui, les lieux de travail sont singulièrement éloignés de nos lieux de vie, faisant exploser les temps de transport. Au final, et malgré les 35 heures, le temps passé hors de la maison n'a pas diminué : de nombreux salariés arrivent chez eux à 19h30. Pas étonnant que deux à trois heures plus tard, d'aucuns s'assoupissent sur le canapé, devant la télé…

Les Français dorment moins et moins bien

Comment les Français se reposent-ils de cette vie menée tambour battant? Pas très bien. Le récent rapport remis en janvier 2007 au ministre de la Santé et les chiffres donnés à l'occasion de la 7e Journée nationale du sommeil parlent d'eux-mêmes. Comme nos voisins européens, nous dormons moins: sept heures et dix minutes par vingt-quatre heures (*source*: enquête TNS Heathcare, février 2007, pour l'Institut national du sommeil et de la vigilance). C'est une heure et demie de moins qu'il y a cinquante ans. Voire deux heures de moins, si l'on compare avec le début du XXe siècle. L'heure du coucher s'est peu à peu décalée, alors que l'heure du lever n'a pas vraiment bougé. À 7 heures du matin, c'est le branle-bas général dans des millions de foyers... Alors qu'hier soir, à minuit, l'extinction des feux n'était toujours pas au programme.

De plus, on dort aussi moins bien. Les coupables? Le bruit, les soucis de travail qu'on n'arrive pas à laisser sur le palier, etc. Résultat: près de 1/3 des Français (28 %) déclarent souffrir d'au moins un trouble du sommeil, l'insomnie étant le trouble majeur, touchant près d'un Français sur cinq. 45 % des Français estiment ne pas dormir assez; ils étaient 38 % en 2004. 8 % se plaignent de somnolence dans la journée, et pas seulement après un bon repas à midi! 6 % font des apnées du sommeil, des petites pauses respiratoires qui passent inaperçues, mais qui ne sont pas sans conséquences pour la santé du dormeur. Certains pensent avoir trouvé la solution: 10 % s'endorment à l'aide de somnifères, plaçant la France en tête de la consommation européenne.

▨ Un constat inquiétant pour la santé

Ces chiffres sont inquiétants, car un sommeil de bonne qualité est important pour la santé globale. Ce message, les experts ont toutes les peines du monde à le faire passer. En effet, l'impression généralement admise, c'est qu'on ne peut pas agir sur la qualité de son sommeil, puisqu'on dort, justement! «Mon fils est comme moi, il n'a jamais bien dormi», entend-on, comme s'il s'agissait d'une fatalité contre laquelle on ne peut rien. Alors qu'on estime pouvoir agir sur sa santé et la protéger en mangeant sainement, en faisant du sport, en ne fumant pas...

Les relations sont pourtant plus étroites qu'on ne l'imagine entre sommeil et bonne santé. Un exemple? L'obésité, dont les liens avec le sommeil sont clairs: des études ont montré que lors du sommeil, le corps fabrique des hormones dites de satiété. En dormant moins, il en fabrique moins. Par ailleurs, lorsqu'on n'a pas bien (ou pas assez) dormi, nous avons tendance à grignoter, attendant de ce petit en-cas le coup de fouet qui nous manque. En revanche, on ne va pas spontanément faire du vélo ou du footing en bâillant. Ce grignotage, comme la baisse d'activité physique, facilite la prise de poids, dont on connaît les effets délétères.

 Le sommeil a mauvaise réputation

«Dormir, c'est du temps perdu», tempêtent certains. Sous-entendant qu'une nuit de sommeil, c'est un moment ennuyeux, réservé aux fainéants, aux passifs ou aux papis et mamies. Tout cela n'est guère bien vu dans notre société hyperactive, qui adore le mouvement perpétuel!

La nuit comporte aussi une part obscure, dans tous les sens du terme. C'est la nuit, lorsqu'on est enfin dégagé de l'agitation de la journée, que les pensées nous envahissent, y compris celles que l'on voudrait bien occulter. Ceux qui dorment mal le savent: la nuit, on pense en gris, parfois même en noir. Soucis de travail ou de santé, problèmes de couple, mort d'un proche, scolarité chaotique d'un enfant, les sujets d'inquiétude ne manquent pas. Et c'est ainsi qu'on se retrouve installé à la table de la cuisine, pieds nus sur le carrelage, à 4 heures du matin, à faire et à refaire ses comptes pour savoir comment combler le découvert à la banque. Car, vous l'avez remarqué, il est rare de se réveiller en sursaut en pensant à ses dernières vacances ou à sa prochaine augmentation.

Les enfants en dette de sommeil

Pourquoi tout ce qui nous assaille serait forcément différent pour les enfants? Une fois que l'enfant urbain a retrouvé ses parents, qu'il s'est lavé, a terminé ses devoirs, dîné sur un coin de table ou devant la télé, il est l'heure de se coucher. «Dé-jààà?» s'époumonent les petits, agacés qu'on les prive ainsi d'une soirée en famille. Selon l'attitude parentale, ferme ou plus souple, les petits malins grappillent une demi-heure... ou davantage. Et comme beaucoup d'adultes, quantité d'enfants dorment mal, se réveillent plusieurs fois par nuit, tardent à se rendormir. Mais, chez un enfant, les troubles du sommeil prennent une autre allure que chez ses parents. À 8 ans, il ne se couche pas tard parce qu'il a eu une réunion pénible et qu'il décompresse en regardant la télévision; il se couche trop tard parce que la plupart des adultes ignorent à quel point les heures de sommeil de l'enfant sont essentielles à son équilibre. Il dort mal, aussi, car la vie bouscule ses rythmes de sommeil et, si l'on n'y prend garde, c'est l'architecture de son sommeil qui se trouve ébranlée.

La télé rivale du sommeil

Pour quelques enfants, l'heure butoir pour aller au lit, c'est 21 heures. À partir de 20 h 30, on attaque la phase «préparation de la nuit», avec les rituels qui y sont associés. La vie de famille est en effet souvent réglée sur le programme télé: quand l'émission ou le film commence, pas question d'être en train de vérifier l'état des dents ou de lire l'histoire. Alors, soit on couche les enfants avant, soit on le fait après le *prime time*. C'est ce que signale Philippe Meirieu, chercheur en sciences de l'éducation, ex-directeur de l'IUFM (Institut universitaire de formation des maîtres) de Lyon, qui rappelait en 2006 que beaucoup d'enfants se couchaient autour de 22 h 30, après la première partie de soirée à la télévision, accusant, donc, un déficit de sommeil de deux heures par jour! Car, sauf exception, ce coucher tardif ne s'accompagne pas d'une grasse matinée le lendemain. Mais demander aux enfants de ne pas abuser du petit écran est un peu compliqué lorsqu'on sait que la consommation moyenne de télé par foyer est de trois heures vingt-quatre minutes par jour! (*Source*: Médiamétrie 2007.)

Quel est l'impact de ce flot d'images ?

Regarder la télévision est préjudiciable à double titre, tant par le temps passé devant que par le contenu. Le soir, la télévision présente rarement des programmes adaptés au jeune public. Le journal de 20 heures, devant lequel beaucoup de Français dînent, n'offre pas une vision réjouissante de la société. Catastrophes naturelles, attentats, meurtres: l'enfant reçoit ces images frontalement, et l'adulte ne peut rien filtrer puisqu'elles sont consommées «en direct». Ces images dures ne préparent pas vraiment à une nuit apaisée. Par ailleurs, le temps passé devant la télé est forcément du temps pris sur une autre activité, physique ou ludique, qui permettrait de décharger les émotions de la journée. À la place, l'enfant enregistre un flot d'images qui contrarie l'endormissement et le maintient en éveil. Car, même s'il ne s'en rend pas compte, un enfant lutte contre le sommeil pour voir le film en entier avec Papa ou Maman: pas question de se coucher sans avoir vu la fin !

Des écrans face à l'oreiller

Ces images, les enfants les reçoivent également seuls, puisque bon nombre d'entre eux ont la télévision dans leur chambre; les parents regardant un autre programme dans la leur ou au salon. Le taux d'équipement des Français lo montre bien, disposer de plus d'une télévision par foyer n'est pas exceptionnel. Dans une enquête menée dans le Tarn-et-Garonne (un département qui ne paraît pas suréquipé technologiquement), 38 % des élèves de primaire avaient la télévision dans leur chambre! Quand ce n'est pas l'ordinateur ou la Playstation®... Et il faut bien reconnaître que ces écrans sont tentants. D'ailleurs, quantité d'enfants, calés bien au chaud dans leur lit, zappent une partie de la soirée ou se lancent dans quelques jeux vidéo en ligne. Une télé dans la chambre, c'est un peu comme si vous invitiez le diable chez vous et que vous vous étonniez qu'il devienne ami avec votre tribu. C'est pourtant inévitable...

La culpabilité des parents

Pour certains, le coucher n'est pas un problème lié à la place des écrans… mais au rythme de vie de la famille. Cet enfant, que l'on retrouve déjà tard le soir, pourquoi l'obliger à partir au lit à 21 h 30, alors qu'on l'a tout juste vu une heure ? C'est cruel, pense-t-on, de le couper ainsi de ses parents. On le sait bien, l'enfant aime la régularité et a besoin de se coucher tous les soirs plus ou moins à la même heure. Mais c'est aussi difficile pour soi, en tant que parent, de se séparer d'un enfant que la baby-sitter est allée chercher à l'école et a fait dîner. Notre rôle ne peut se limiter à dire : «Bonne nuit et à demain.» Alors, on traîne ; on se laisse cinq minutes de plus sur l'horaire officiel du coucher. On lit une histoire, puis une autre, puis une dernière. Allez, un dernier câlin, et on s'en va… après deux allers-retours. Et, le week-end, si l'on sort, on emmène la petite troupe avec soi. Pourquoi se priver du plaisir de ces soirées, tous ensemble, chez les copains ? Deux heures du matin, c'est un peu tard. Mais, demain, c'est dimanche. Alors, ce n'est pas si grave, pense-t-on.

Se séparer ou dire stop, c'est compliqué

Ce partage de tendresse et de complicité est l'un des grands bonheurs d'être parents. L'enfant, lui aussi, y tient. Il ne saurait partir se coucher sans ces rituels: le pyjama, l'histoire, le brossage des dents, les fous rires, le câlin. Tout cela, ajouté au plaisir d'un lit moelleux à l'odeur familière et du doudou qui l'y attend, accompagne l'enfant sur le quai de la gare du sommeil, pour son voyage d'une dizaine d'heures.

Mais pour cela, il faut se séparer jusqu'à demain. Ce n'est pas toujours facile de mettre un point final à la séance coucher, ou d'élever la voix pour dire «On éteint!». Car le parent n'a pas bien envie de rentrer en conflit; comme l'enfant, il se ressource de ce flot d'amour, après une journée de travail où la tendresse des échanges est rare. L'enfant perçoit vite ce tiraillement. Le parent a déjà cédé pour lire une troisième histoire («Ce coup-ci, c'est la dernière!»), est revenu pour le border, a apporté un verre d'eau et vient de pousser de nouveau la porte en chuchotant: «Maintenant, il faut dormir.» Mais comment montrer son autorité face à un enfant qui dit qu'il n'a pas sommeil? Comment démêler ce qui relève du désir de l'enfant (rester avec ses parents) et ce qui relève d'un besoin (dormir autant que son corps l'exige)? Ne pas mélanger les deux est complexe. Surtout que cette confusion entre désir et besoin fait parfois écho à celle des parents: ils auraient besoin de dormir huit heures de suite, mais vont zapper toute la soirée devant la télé ou traînasser; ou tolèrent que les bisous du soir durent plus d'une heure, alors qu'ils auraient besoin de passer une soirée avec leur conjoint.

▓ Les croyances liées à la nuit

On le voit, la nuit des enfants n'est pas un long fleuve tranquille, qui embarquerait l'enfant sur le coup de 20h30 pour le déposer, une douzaine d'heures plus tard, sur la rive du matin. Les enfants (et leurs parents, parfois) expriment de façon très diversifiée l'ambivalence de leurs sentiments face à la nuit. Raisonnablement, tout le monde sait qu'il est l'heure de se coucher, mais on traîne quand même des pieds pour y aller. À cela, s'ajoutent quelques croyances que nous avons transmises à nos enfants, le plus souvent sans le vouloir. Héritées de la mythologie ou de l'inconscient collectif, elles se révèlent de bien peu reposantes compagnes de sommeil.

⇨ Hypnos et Thanatos, un couple inquiétant

Dans la mythologie grecque, Hypnos, le dieu du Sommeil, est le frère de Thanatos, le dieu de la Mort. Hypnos vit dans une caverne obscure et brumeuse, traversée par Léthée, le fleuve de l'oubli. Quelle entrée en matière ! Pas étonnant qu'aux portes du sommeil, l'enfant craigne d'oublier ce qu'il est, qui sont ses parents, où est sa maison. Il arrive aussi que l'enfant assimile le sommeil à la mort, résistant au premier parce qu'à ses yeux, il ressemble à la seconde.

Le couple Hypnos et Thanatos impressionne profondément certains parents. Quand l'enfant dort, son parent aussi, le plus souvent. Il n'assure donc plus son rôle de « veilleur de vie » de son enfant. Et ce sentiment d'abandonner l'enfant sans surveillance pendant son sommeil inquiète. Car les parents doivent chasser l'idée, trop anxiogène, de la mort subite du nourrisson, qui survient n'importe quand, de préférence la nuit. Quel parent n'a pas été effrayé par cette éventualité, au point de vérifier si son nourrisson vivait toujours. « Je me réveillais en pleine nuit, paniqué. Sur la pointe des pieds, j'allais toucher le visage de mon bébé. Il était tiède ; pour être tout à fait rassuré, je plaçais devant sa bouche un miroir de poche de ma femme, pour voir la buée apparaître et m'assurer que mon bébé respirait »,

se rappelle Benoît, encore troublé par ces souvenirs.
Aujourd'hui, le bébé a grandi, mais l'inquiétude plane
toujours au-dessus du lit.

⇨ Les transformations nocturnes

Selon certains textes, Morphée, le dieu des Rêves et
des Songes, est le fils d'Hypnos et de Nux (la Nuit).
Représenté avec des ailes battant lentement et silen-
cieusement, Morphée a le don de se transformer (c'est
de là que vient son nom) pour se présenter aux mortels
sous les traits d'êtres qui leur sont chers. « Ce ne sont que
des légendes », répondez-vous ? Peut-être. Mais dans
l'inconscient collectif, persiste l'idée que la nuit est synonyme de transformation. Dans un coin de la tête de l'enfant, tout le monde peut se métamorphoser, une fois les
lumières éteintes. L'enfant doute de la permanence des
choses et sa courte expérience de la vie semble lui donner raison : la nuit, sa chambre se remplit d'ombres
inquiétantes. Ses parents, tels qu'ils apparaissent quelquefois dans ses rêves, sont différents des « vrais », ceux
qu'il côtoie dans la journée. Le voilà donc persuadé
que, contrairement à ce qu'affirment Papa-Maman, les
choses changent. Cette nouvelle théorie, appliquée à
ses géniteurs, le met dans tous ses états : ses parents
pourraient donc changer d'aspect physique ou de

caractère. Et alors, que se passerait-il si Maman devenait une autre? Et si Papa devenait méchant?

Cette ambivalence des êtres, l'enfant la perçoit très finement, surtout le plus jeune, qui aime garder la maîtrise sur son petit univers. Pour retrouver un semblant de contrôle sur les choses, il multiplie les rituels: les deux chaussons sont rangés le long du mur; la porte est entrouverte jusqu'à la quatrième latte du parquet; le nounours doit dormir sur l'oreiller, à côté de la girafe, etc. Ces petites manies agacent les adultes, à la longue. Mais, pour l'enfant, quel soulagement, quand il se réveille en pleine nuit! Tout est bien rangé comme hier soir? En un regard, il a vérifié la théorie réconfortante de la permanence des choses; donc, de sa maîtrise sur son univers. Il peut se rendormir, sans vous réveiller pour vérifier votre permanence, à vous. Du moins ce coup-ci...

L'essentiel

En cinquante ans, nous avons perdu une heure et demie de sommeil par nuit. Bon nombre d'enfants accusent même une dette de sommeil de deux heures par nuit.

« Maintenant, tu restes dans ton lit ! »

Le sommeil est perçu comme une activité passive et ennuyeuse, dans une société qui valorise le mouvement.

Même si on sait que dormir est essentiel pour l'enfant, on imagine qu'on ne peut pas agir sur son sommeil puisqu'on dort !

Dormir, ce n'est pas si facile. Il faut se séparer de ses proches, et accepter d'être visité par ses angoisses, plus nombreuses la nuit que le jour, et des croyances qui ne favorisent pas toujours l'endormissement.

Chapitre 2

Le B.A. BA du dodo

Le jour, nous alternons des cycles actifs et passifs. La nuit aussi, même si nous n'en sommes pas conscients. Des périodes de sommeil profond, de récupération physique, alternent avec des phases de sommeil paradoxal, pendant lesquelles nous rêvons et digérons les émotions. Bien dormir est fondamental pour l'enfant. Pour son corps et pour sa tête.

■ La vie, une affaire de cycles

Tous les êtres vivants sont soumis à des cycles, soit sur vingt-quatre heures (le rythme jour/nuit), soit sur de plus longues périodes, un mois, une saison, une année. À l'échelle d'une journée, nous le sentons bien: nous alternons des moments de plus ou moins grande vigilance. Plutôt actifs en début de matinée, nous accusons une baisse vers 11 heures du matin (le fameux coup de pompe de fin de matinée), qui persiste jusqu'à 13-14 heures. Puis, dans l'après-midi, on observe un regain d'énergie vers 17-18 heures. La nuit n'échappe pas non plus à cette règle de l'alternance. Sans en avoir conscience, nous vivons différentes phases pendant le sommeil.

▦ L'éveil et le sommeil

Trois types d'états de vigilance, très différents les uns des autres, rythment nos journées.

• **L'éveil :** il caractérise tous les moments conscients de la journée, soit près des deux tiers de notre vie. Les gestes sont vifs, le cerveau est en alerte, les yeux brillants. L'enfant, s'il est à l'école, écoute sans effort ce qu'on lui dit et le retient facilement. Bientôt, succède un autre état, plus passif : les gestes se font plus lents, l'enfant (ou l'adulte, c'est la même chose pour les deux) est moins bavard, il bâille, a un peu froid. S'il le pouvait, il s'allongerait et s'endormirait. C'est l'état idéal pour entrer dans le sommeil.

• **Le sommeil lent :** c'est avec lui que nous débutons nos nuits. Il représente environ 80 % du sommeil total, soit six heures de sommeil lent pour une nuit qui en comporte huit. Il se décompose en quatre phases, du sommeil lent léger au sommeil lent très profond. Dans ces phases de sommeil profond, l'immobilité est à peu près totale, le visage inexpressif, l'activité mentale très faible. Le rythme respiratoire est lent et régulier, mais le tonus musculaire est conservé; d'où l'expression «dormir à poings fermés». Les stades très profonds de ce sommeil lent représentent environ un quart de nos nuits, deux heures pour une nuit de huit heures.

• **Le sommeil paradoxal:** il succède au sommeil lent; il en est aussi différent que le sommeil lent l'est de l'éveil. Paradoxal, il l'est vraiment: lorsqu'on observe le dormeur, il est complètement détendu et sans tonus musculaire. Mais si l'on enregistre son activité cérébrale, elle est très semblable à celle de l'éveil actif. Ce dormeur est en pleine ébullition cérébrale! D'ailleurs, des études ont montré que ses neurones consomment une quantité d'oxygène et de glucose équivalente à celle dépensée pendant l'éveil. Ce sommeil représente un peu moins d'un quart du sommeil total, soit près de deux heures par nuit.

Un cycle de sommeil

Quand les yeux piquent, que l'on décroche de la conversation ambiante, il est l'heure de sauter dans le train du sommeil qui se présente: c'est le premier cycle de sommeil. On s'endort en sommeil lent, d'abord léger – on entend les bruits de la maison –, puis de plus en plus profond. Cette fois, on est coupé du monde. Quatre stades composent ce sommeil lent, quatre petits wagons accrochés les uns aux autres, au cours desquels on ne se réveille pas, normalement. Ensuite, arrive le wagon du sommeil paradoxal. Maintenant que le corps a rechargé ses batteries, c'est au cerveau de se mettre au travail! Cette phase est courte, environ dix à quinze minutes. Elle est suivie d'un court moment de latence, avant qu'un prochain train du sommeil ne démarre. Pendant ce temps de sommeil léger, il arrive que l'enfant s'éveille, gigote, couine un peu. D'ici quelques secondes, il sera monté à bord d'un prochain train du sommeil! Si l'enfant est en fin de nuit, ce temps de latence est le moment idéal pour qu'il se réveille du bon pied. Les bruits ambiants le font émerger de ce sommeil léger. Sans réveil ni larmes.

Sommeil lent, sommeil paradoxal

En début de nuit, le sommeil lent est plus profond, plus prolongé. Le corps se reconstruit et se «répare». Puis en fin de nuit, quand les batteries sont rechargées et le corps prêt à attaquer une nouvelle journée, l'enfant a davantage besoin de sommeil paradoxal. La durée des périodes de sommeil paradoxal s'allonge donc d'un cycle à l'autre. Pendant cette phase active au niveau cérébral, l'enfant «digère» la journée écoulée, trouve des solutions aux problèmes rencontrés, classe, catégorise, apprend ses leçons. Il rêve, aussi. Très précieux, ces rêves: ils permettent de réguler les tensions, de gérer les conflits, d'assimiler les émotions de la journée. Quand il se réveille naturellement à la fin de cette phase de sommeil paradoxal, il se souvient de son rêve (ou du cauchemar, selon les cas), en ayant des souvenirs étonnamment précis du scénario. Mais s'il repart pour un cycle de sommeil, tout souvenir de ce rêve s'effacera...

À quoi ressemble une nuit de sommeil?

Durant une nuit de sommeil, quatre à six cycles de sommeil se succèdent. La durée d'un cycle étant en moyenne d'une heure et demie à deux heures, une nuit de sommeil compte donc huit à dix heures. De quelle quantité de sommeil a besoin l'enfant? Difficile de donner des moyennes exactes, tant les données varient entre petits et gros dormeurs. Ces chiffres sont des tendances plutôt que des principes à prendre à la lettre.

• **À 1 an:** l'enfant dort environ quatorze heures par jour. Il fait encore une, voire deux siestes par jour.

• **Autour de 3-4 ans:** il a besoin de douze à quatorze heures réparties en deux temps, la sieste et la nuit.

• **À 4 ans:** pour la première fois de sa vie, son temps de sommeil par vingt-quatre heures devient inférieur à douze heures.

• **À 6 ans:** onze heures de sommeil, c'est une bonne moyenne.

• **Entre 6 et 12 ans:** sa nuit de sommeil se raccourcit de vingt minutes chaque année. Il se couche vers 20 heures, à 5-6 ans; vers 21 heures, autour de 8 ans; vers 22 heures, à 12 ans. L'heure du lever, elle, ne varie pas.

• **À l'adolescence:** il se contente de huit à neuf heures de sommeil, alors qu'il aurait besoin de davantage (une à deux heures de plus) pour reposer son corps en pleine transformation. Il «éponge» son déficit de sommeil en faisant la grasse matinée et la sieste le week-end.

Quand la nuit est trop courte

Les enfants récupèrent-ils le week-end? Pas toujours. En effet, beaucoup veillent tard le samedi soir. En cas de nuit un peu courte, la quantité de sommeil lent profond ne change pas: quoi qu'il arrive, le corps trouvera le moyen de se reconstituer et de se réparer. En revanche, la quantité de sommeil paradoxal raccourcit. Ce sommeil-là ne se rattrapera pas. C'est dommageable pour la compréhension et la mémorisation de ce qui s'est dit la veille en classe, et la digestion des émotions.

Cette nuit un peu plus courte, qui ne remet pas tout à fait d'aplomb les enfants, se remarque les jours qui suivent un soir de veille. La fatigue se fait nettement sentir le lundi, au moment de retourner à l'école; puis un peu moins le mardi, encore moins le mercredi, etc. Finalement, c'est le jeudi ou le vendredi que les enfants récupèrent de la fatigue du dernier week-end. Ce n'est pas un hasard, beaucoup d'instituteurs notent que ce sont justement les meilleurs jours d'école pour les enfants...

▦ Couché tardif, lever tardif?

Coucher plus tard son enfant le samedi soir n'est pas l'assurance, pour les parents, de faire une grasse matinée le dimanche: les enfants, surtout jeunes, ne dorment jamais très tard le matin! De plus, ce sommeil décalé ne présente pas le même pouvoir de récupération qu'un sommeil bien calé sur la nuit. On l'a vu, le sommeil s'organise avec majoritairement du sommeil lent profond en début de nuit et une augmentation progressive du temps de sommeil paradoxal vers les dernières heures de la nuit. Lorsqu'on couche tard un enfant, il se réveillera par exemple vers 10 heures. Le sommeil lent profond est peu modifié: il fait toujours nuit quand l'enfant se couche, donc ce temps de récupération physique est assuré. En revanche, le sommeil paradoxal survient plutôt après le lever du jour, vers 8 heures ou 9 heures du matin. La luminosité, les bruits ambiants – les voisins, la machine à laver, les voitures – vont alléger ou fractionner ce sommeil. Lequel perd donc son pouvoir de récupération «mentale», dont l'enfant a tant besoin.

▒ Le baromètre d'un bon sommeil

Être petit ou gros dormeur ne se transmet pas. Pour vérifier que l'enfant a son comptant d'heures de sommeil, observez-le. S'il fond en larmes à tout bout de champ et bâille en classe, un cycle de dodo supplémentaire ne lui fera pas de mal ! En revanche, si sa croissance est régulière, s'il travaille bien à l'école et s'il est de bonne humeur, alors, ne cherchez pas à le faire dormir davantage, il est en forme avec le rythme actuel. L'ennui, c'est quand un parent gros dormeur fabrique un petit dormeur ! Mais, avec un enfant à la maison, vous devrez de toute façon faire le deuil de vos grasses matinées d'antan...

L'essentiel

▒ Une nuit compte 4 à 6 cycles de sommeil, d'une heure et demie à deux heures chacun, avec une alternance de sommeil lent et de sommeil paradoxal.

▒ Entre 2 cycles, il arrive que l'enfant se réveille un petit moment, avant de démarrer rapidement un prochain cycle.

«Maintenant, tu restes dans ton lit!»

■ Le sommeil lent profond favorise la récupération physique; le sommeil paradoxal consolide la mémoire, les apprentissages et aide à digérer les émotions.

■ Le sommeil paradoxal est crucial pour un enfant en période d'apprentissage intense; mais c'est lui – et non le sommeil lent – qui «saute» quand la nuit est trop courte.

Chapitre 3

Quand la machine se grippe

Pourquoi les nuits de votre enfant sont-elles si courtes ou si hachées? Les causes, multiples, évoluent avec l'âge et selon le profil de l'enfant: difficulté de quitter ses parents, peur du noir ou des monstres, besoin d'avoir un parent à côté... Il va falloir chasser les mauvaises habitudes!

▦ Âge par âge, les problèmes de sommeil

⇨ Autour de 2 ans

Les mauvaises nuits des premiers mois de l'enfant sont effacées des mémoires parentales. Mais elles sont quelquefois remplacées par quelques nuits perturbées, en raison d'une bronchite, d'une otite ou autres maladies en «ite». Douloureuses, elles exigent, en plus du traitement, les bras réconfortants d'un parent. À 2 ans, les nuits sont normalement moins fractionnées; dans l'idéal, elles se terminent dix à douze heures après que l'enfant a regagné son lit à barreaux. La période est néanmoins traversée régulièrement de nuits chahutées, qui correspondent aux grands apprentissages de l'enfant. Il a appris à marcher récemment; se lance éperdument dans l'apprentissage du langage, teste ses capacités de faire – ou non – sur le pot. C'est aussi l'époque des « premières fois » : la crèche, la nourrice, l'entrée à l'école maternelle (pour les très précoces), un nouveau bébé à la maison, les parents qui se disputent... Les moments intenses ne manquent pas, ils exigent des remaniements psychiques importants pour l'enfant. Ces émotions nouvelles à digérer se répercutent sur la qualité du sommeil. Pendant deux à trois nuits, il refuse de se coucher, se réveille, couine; puis, tout redevient normal pendant plusieurs mois. Et, de nouveau, il se réveille quelques nuits de suite. Tout cela passe. Il conviendra de vérifier si ces tracas sont ou non associés à d'autres manifestations et s'ils restent occasionnels.

⇥ Pour un enfant de 3-6 ans

• **Les troubles du sommeil s'installent volontiers chez l'enfant qui a du mal à se séparer,** à la fois de ses parents et de la journée qui vient de se dérouler. Renoncer aux plaisirs qui ont jalonné sa journée et à la douceur d'un câlin avec Maman ou Papa, c'est difficile. D'où la tentation à retarder l'échéance autant que possible.

• **Une autre constante : la difficulté à lâcher prise.** Dormir, c'est perdre le contrôle, et l'enfant de 3-6 ans n'aime pas ça. Lui, il sait ce qu'il veut ; c'est un vrai leader en puissance, parfois même un brin dirigiste. S'endormir, c'est accepter de se laisser aller dans les bras de Morphée. Ce saut dans l'inconnu l'angoisse : pour «tromper» sa peur, il s'occupe l'esprit, joue avec ses peluches. Les plus grands, en CP, récapitulent leur journée, vérifient mentalement leur récitation. Bref, ils anticipent la prochaine journée. Comme si créer un pont entre aujourd'hui et demain évitait la plongée dans le vide de la nuit.

• **Quelques-uns ont peur de ce qui va se passer la nuit.** Une nuit, c'est long pour un petit, et il ne sait pas si demain il retrouvera son univers et sa maison. C'est surtout vrai pour un enfant de 3 ans, en plein dans l'âge du non. Le monde de la nuit, c'est un autre univers, dans lequel il est séparé de ses parents, et il peut être en proie à des rêves inquiétants ou menaçants. Pour peu qu'il soit légèrement angoissé, comme c'est souvent le cas à cette période – il se fait gronder, à juste titre, et cela le tracasse –, la famille se prépare à quelques nuits difficiles! Car d'ici quelques heures, quand les parents entendront pleurer leur jeune rebelle qui leur a dit «non» toute la journée, ils soupireront: «Même la nuit, il est invivable!» Ils interprètent ce réveil comme un signe manifeste de sa volonté de leur saper leur nuit de sommeil, après avoir mis tout le monde sur les nerfs pendant les heures ouvrables. En fait, ce n'est pas tout à fait exact. C'est même l'inverse qui se produit: cet enfant, c'est un peu Dr Jekyll et Mr Hyde. Il a été tellement odieux dans la journée que, la nuit, sa conscience le tiraille! On pourrait presque dire aux parents à bout: «C'est bon signe, si votre petit vous réveille cette nuit: c'est qu'il a bon cœur. Il s'en veut de s'être opposé à vous dans la journée.» Un parent épuisé ne saisira pas toujours le sel de la situation. Pourtant, la seule solution serait de redoubler de patience la nuit et d'être ferme le jour. Cette fermeté n'exclut pas une bonne dose de bienveillance; associée à votre patience nocturne, elle rassurera l'enfant et évitera l'escalade des «non» et des colères parentales.

• **À partir de 4-5 ans, les cauchemars qui empoison-naient ses nuits commencent à décliner.** Peu à peu, le placard se vide de ses «monstrosaures» et autres sorcières pleines de verrues. Cette armée d'indésirables ira frapper à d'autres portes – la fratrie, parfois. Épisodiquement, l'enfant peut être assailli par des cauchemars après 7 ans, et il sera utile de s'assurer que ces cauchemars ne s'accompagnent pas d'autres soucis, scolaires ou familiaux, et de les prendre en charge, s'ils existent (*voir* Chapitre 5).

⇨ Pour un enfant de 6-10 ans

L'enfant est entré dans l'âge de latence, une période relativement apaisée sur le plan psychique. La famille dispose de plusieurs années tranquilles avant de déterrer de nouveau la hache de guerre, au moment de l'adolescence.

À période calme, nuits calmes? C'est plutôt vrai. Mais si la famille traverse des moments difficiles, des troubles du sommeil pourraient apparaître en réaction aux événements vécus dans la journée. Ainsi, une séparation parentale peut réveiller chez l'enfant des angoisses d'abandon et ébranler la relative quiétude de cet âge de latence. À tout âge de l'enfant, y compris quand il deviendra adolescent, les conflits qui agitent la famille épargnent rarement son sommeil...

Portrait robot de l'enfant fâché avec le sommeil

Les troubles du sommeil de l'enfant prennent des formes très diverses; ils demandent des solutions tout aussi variées, que l'on examinera (*voir* Chapitre 8). Revue de détail de ces enfants qui vont au lit à reculons...

⇨ Il ne veut jamais aller se coucher

Tous les soirs, c'est la bagarre pour le coucher. D'abord, il faut mettre la main sur le fuyard avant qu'il ne se réfugie sous le canapé. Ensuite, il faut superviser l'étape pyjama-dents-pipi. Comme par hasard, il y a toujours un truc qui cloche. La chemise de nuit rose gratte; ce dentifrice pique; l'enfant n'a pas du tout envie de faire pipi. Du moins, pas maintenant, mais d'ici vingt minutes, il aura une envie pressante. Il/elle a oublié d'embrasser Papa, Maman, la sœur aînée, Papy, le chat, sa poupée Nina. Le but de ces jeux? Retarder le moment fatal où le parent dira: «Bonne nuit, à demain!»

Certains enfants, les plus jeunes mais pas seulement, ont vraiment besoin qu'on les accompagne physiquement jusqu'au marchand de sable. La présence du parent est tout aussi nécessaire pour aider à enfiler le pyjama, pour lire l'histoire, lové bien au chaud sous l'aile de son parent, que pour le câlin, avant de se dire bonsoir. Le plus important, pour le parent, consiste à garder sa légendaire patience. Parce que, au fond, si cela n'excède pas les limites du raisonnable (trente minutes tout compris, pourrait-on avancer), il n'y a pas lieu de s'alarmer. Après tout, dans une journée qui file si vite, consacrer une demi-heure au coucher et s'assurer ainsi une nuit reposante, ce n'est pas du temps perdu. Et, à l'échelle d'une vie, ce temps n'est pas si long, comparé à celui passé dans les transports ou au travail, à discuter avec des gens peut-être moins passionnants que nos enfants.

⇨ Il n'a jamais sommeil

«J'ai pas sommeil»: tout le monde a dû entendre ce refrain au moins une fois dans sa vie de parent... Lui, il n'a pas sommeil, mais vous, si! Cet enfant vous épuise: il a arrêté de faire des siestes dès la petite section à l'école maternelle. Dans l'après-midi, il ne se repose jamais, même dix minutes sur son lit, avec un livre. Et le soir, si on l'écoute, il se coucherait en même temps que les adultes. Le plus troublant, c'est qu'il ne paraît pas épuisé. Tout juste bâille-t-il furtivement dans la journée.

On l'a vu, il faut vous y faire: certains enfants sont de gros dormeurs, d'autres de petits dormeurs. Comme il y a des enfants gros mangeurs et d'autres qui picorent.

Personne ne peut accuser un picoreur de se laisser mourir de faim. Donc, ce picoreur de repos a son comptant d'heures de sommeil. S'il est dans la moyenne (basse, probablement) de son âge, cela n'a rien d'inquiétant. Surtout, si, par ailleurs, il mange, court et s'amuse à l'école. Reste à lui faire comprendre qu'il y a des moments où les adultes sont entre eux. La maman d'une microdormeuse de 5 ans, jamais couchée avant 23 heures, connaît bien ce problème: «Cela doit faire un an qu'on n'a pas passé une soirée sans notre fille avec nous!» Faire accepter à un petit que ce n'est plus l'heure des enfants est une autre paire de manches...

⇨ Il ne s'endort jamais sans son parent à ses côtés

Tout a commencé innocemment: lorsqu'il était bébé, il s'endormait sur le sein maternel pendant la tétée. Une fois endormi, les parents le déposaient précautionneusement dans son berceau... Mais gare au réveil, lors de l'atterrissage brutal en territoire inconnu! Quand il se réveillait, le tout-petit se sentait perdu. Étonnez-vous: il s'était endormi contre un corps moelleux et réglé à 37,2 °C, en tétant. Et il se réveillait dans un lieu inconnu et sans bouillotte à ses côtés! Alors, il fallait de nouveau une présence parentale pour retrouver le sommeil qui avait déguerpi du berceau. Quelques mois, quelques années plus tard, ce n'est heureusement plus du sein maternel que l'enfant a besoin, mais d'un père ou d'une mère à portée de main. Certains s'endorment pendant que Papa caresse la tête; d'autres se cramponnent à la main de Maman, pour être sûrs qu'elle reste assise près du lit. «Bébé, Antoine s'endormait dans son berceau, pendant que je lui caressais le front. Il a gardé cette façon de s'endormir pendant cinq ans, jusqu'à la naissance de son petit frère. Avec un nouveau-né à la maison, c'est impossible de passer trois quarts d'heure à caresser la tête de l'aîné, en se demandant quand il allait – enfin – fermer les yeux!» dit Éliane, pas très satisfaite de sa méthode. D'autres enfants ne ferment l'œil que si le parent s'allonge à leurs côtés. Mais c'est parfois l'adulte qui s'endort le premier!

⇨ Il s'endort mais a toujours besoin de quelque chose la nuit

3 heures du matin: comme chaque nuit, Benjamin pleurniche. Puis il pleure franchement, avant de réclamer «Mamaaaaan» à grands cris. Le remède miracle: un bib de lait chocolaté en pleine nuit. Quelques secondes plus tard, Benjamin s'est rendormi, mais pas forcément ses parents. Dans d'autres familles, ce n'est pas la pause biberon dont l'enfant a besoin en pleine

nuit, mais d'une pause pipi; ou alors, il se réveille et a perdu sa tétine; les parents, prévenus, s'activent pour retrouver l'indispensable totote.

À bout de nerfs, ils s'interrogent: cet enfant doit avoir un problème, cela expliquerait son sommeil si bousculé. D'ailleurs, ils préféreraient qu'il y ait quelque chose de précis (de bénin, bien sûr) plutôt que ces réveils multiples et inexpliqués. En fait, tout va bien. Le mécanisme du sommeil est fonctionnel, l'enfant n'a aucun problème médical. Mais il s'est passé une petite anomalie d'apprentissage, au cours de la période veille/sommeil; répétée des mois, cette anomalie fait qu'aujourd'hui l'enfant ne sait pas se rendormir seul. Donc, il appelle du renfort. Officiellement, son «honneur» est sauf: il ne réclame pas son parent, mais sa tétine qui est tombée, un verre d'eau, un tour aux toilettes dans les bras de Papa («Je suis trop fatigué pour marcher»)... En réalité, c'est un moyen de s'assurer de la présence de son parent, voire celle de ses deux parents, pour les plus tyranniques. Les ruses des adultes ne sont pas toujours efficaces. «À l'aide de rubans, nous avions attaché quatre tétines aux quatre coins de son lit, mais cela n'a servi à rien. On aurait pu en mettre dix, il fallait toujours que ce soit ma femme ou moi qui la lui redonnions...», indique Didier, le père bricoleur d'un garçon qui se réveillait dès qu'il n'avait plus sa totote.

⇨ Il se réveille en pleine nuit

Comme on l'a déjà vu (*voir* Chapitre 2), une nuit se compose de plusieurs cycles successifs de sommeil. Entre deux «trains de sommeil», le sommeil est très léger; c'est à ce moment que l'enfant peut s'éveiller. La qualité de la nuit de la famille dépend de ce qu'il fait de ce moment d'éveil. Il peut tourner et retourner dans son lit, bavarder un moment avec son nounours, puis se rendormir quelques instants plus tard, sans avoir dérangé personne. Mais il peut aussi être perturbé par ce réveil nocturne, être impressionné par le silence ou par le noir qui règne malgré la veilleuse. Alors, il tourne, vire, s'impatiente et finit par pleurer. Ce qui est compris par les parents comme un signal d'appel. Certains enfants avertissent ainsi la maisonnée de leurs change-ments de cycle, réveillant les parents toutes les heures et demie. «Il nous a réveillés jusqu'à cinq fois par nuit. Aujourd'hui, on se dit que c'était sûrement parce qu'il passait d'un cycle de sommeil à l'autre», se souvient le père de William, très actif le jour... et la nuit.

⇨ Il rejoint ses parents la nuit

La première fois, vous ne vous êtes aperçue de rien. Confusément, vous avez senti quelque chose bouger au pied du lit, que vous avez pris pour le pied de votre compagnon endormi. Pas du tout, c'était un petit passager clandestin qui tâtait le lit pour se faire de la place. Et ce matin, vous vous réveillez tous les trois pelotonnés les uns contre les autres. Exceptionnellement, c'est charmant un enfant qui a besoin de la chaleur d'un parent pour se rendormir. Parfois aussi, il ne peut en être autrement, quand l'enfant s'est réveillé en hurlant, après un cauchemar terrifiant. Ce moment un peu fusionnel dans le lit de Papa-Maman, il en a besoin pour chasser de son esprit les fantômes qui rôdent et pour retrouver une respiration apaisée. Mais cette pratique doit rester l'exception et non la règle.

⇨ Il est toujours debout le premier

5h55 du matin, et déjà, vous ouvrez un œil, réveillé par le grelot que le nounours de Théo porte autour du cou. 5h56, vous soupirez, réalisant que ce matin, c'est samedi, et que vous auriez aimé faire une grasse matinée. D'ailleurs, cela fait quatre ans, depuis la naissance de Théo, que vous avez oublié jusqu'à l'existence de ce terme.

Que faire, face à un enfant très matinal? Il peut très bien avoir son quota d'heures de sommeil. Et il serait dommage de vouloir le décaler s'il se couche à une heure raisonnable, par exemple 20h30. En retardant le coucher d'une heure, on risquerait de lui faire louper son endormissement et de se retrouver le lendemain matin avec un enfant debout à 6 heures du matin, mais de mauvaise humeur car il n'a pas assez dormi! Il va falloir lui apprendre à être aussi autonome que silencieux. Si, si, même à 4 ans, c'est possible.

⇨ Il dormait bien, mais se réveille tout le temps

Si Dormeur se transforme brutalement en Grincheux toutes les nuits, c'est qu'il se passe quelque chose dans sa petite vie qu'il a du mal à digérer. Pour l'enfant comme pour l'adulte, la qualité de sa nuit est directement liée à la qualité de sa journée. Récemment, que s'est-il passé de marquant? L'entrée à l'école, un déménagement, un nouveau bébé à la maison: toutes ces nouveautés se répercutent sur la qualité de son sommeil. Cela dure quelques nuits, le temps qu'il vérifie qu'il sait s'adapter, qu'il se fait de nouveaux copains, s'habitue à ce bébé et s'assure que ses parents l'aiment toujours. Il y a aussi des changements moins perceptibles. Une acquisition nouvelle – l'apprentissage de l'écriture ou de la lecture – peut bousculer les nuits d'un enfant sensible sur ce terrain du sommeil. Enfin, d'autres événements comme la maladie d'un des grands-parents ou la difficulté professionnelle d'un parent l'affecteront par ricochet. Même si personne n'en parle devant lui, il perçoit l'inquiétude parentale qui perturbe ses nuits.

⇨ Il se réveille toujours de mauvaise humeur

Il se lève tous les jours du pied gauche? Au réveil, il y a des enfants très mal lunés. Si votre enfant n'accepte pas un réveil progressif, au calme, tout seul dans sa chambre, pour «éponger» sa mauvaise humeur matinale, il sera peut-être judicieux de s'interroger sur cette humeur maussade. Est-elle si fréquente? Certains parents sont si mal réveillés le matin qu'ils prennent vite toutes les remarques enfantines comme des agressions. Cela permettra de savoir si ce n'est pas le parent, tout bêtement, qui se lève chaque matin du mauvais pied! De plus, cette attitude est-elle ancienne? Si ce n'est pas le cas, l'enfant traverse peut-être une période houleuse, à l'école ou avec ses amis. Tout devrait rentrer dans l'ordre d'ici quelques jours, une fois qu'il aura réussi, par exemple, à exprimer autrement son malaise. Mais si ces réveils sombres sont devenus une habitude, peut-être faudra-t-il vérifier que l'enfant n'est pas déprimé. Un enfant qui déprime dort peu, mal et se réveille tôt. Ces trois symptômes, apparaissant sur une période suffisamment longue pour être significative et combinés à une humeur nuageuse dans la journée, doivent alerter le parent.

⇢ Il dit qu'il a mal

Mal aux dents, à la tête, au ventre, à l'oreille : quantité de maux réveillent l'enfant ou l'empêchent de s'endormir. Le parent ne voit pas tout de suite de quoi il s'agit. Mais ce n'est pas forcément du cinéma : une otite surgit sans crier gare et est très douloureuse. Douleur, inflammation ou fièvre se cachent souvent derrière la plainte d'un petit. Si cela persiste, n'hésitez pas à consulter le médecin traitant.

L'essentiel

■ Certains enfants ne sont pas capables de s'endormir ou de se rendormir seuls. Il leur faut le renfort d'un parent, qui donnera un biberon, une tétine, fera un câlin, etc.

■ Comme il y a des enfants petits et gros mangeurs, il y a des enfants petits et gros dormeurs. On ne choisit pas !

■ Être fâché avec le sommeil peut prendre diverses formes. Pour chacune, il y a une explication… et une solution !

Chapitre 4
Le briseur d'intimité

Un enfant qui ne dort pas très bien devient parfois
« passager clandestin » du lit de ses parents.
Si c'est de temps en temps, personne ne s'en plaint.
Quand cela se répète, quand l'enfant ne veut s'endormir
que dans le lit des parents et que tout le monde finit
sa nuit ensemble, la question de l'intimité des parents
et des enfants se pose.

▦ Dormir ou non avec son enfant?

C'est une pratique héritée de la nuit des temps, que les
partisans du *cosleeping* ont largement remise au goût
du jour. À les écouter, il est très violent de couper le tout-
petit, à peine né, de la chaleur maternelle et de l'obliger à dormir tout seul dans son petit lit. Le *cosleeping*
servirait donc de rempart à la violence que son arrivée
sur terre impose à l'enfant.

Dormir à plus de deux dans le même lit, cela se pratique toujours dans différents coins du globe. Et les pays concernés ne sont pas tous en voie de développement, rappellent les pro-*cosleeping*. En France, de telles pratiques séduisent quelques-uns, mais en étonnent pas mal d'autres. Car, au final, l'enfant n'a rien à gagner avec cette habitude.

D'abord, on n'est plus à l'âge des cavernes: dormir ensemble, du temps de nos ancêtres, c'était le moyen de se protéger contre les prédateurs (et de se réchauffer). Aujourd'hui, il est quand même assez rare de se faire attaquer par des bêtes sauvages en pleine nuit... De plus, le chauffage central a remplacé la peau de bête: c'est moins rustique, mais plus confortable.

Nous ne sommes également plus au Moyen Âge, où l'époque voulait que l'on dorme groupé. La pratique était courante: la nourrice dormait avec le bébé dont elle s'occupait. Tout le monde dormait dans un seul et même lit, en rang d'oignons, mais on dormait habillé de pied en cap, en ce temps-là. Et les bébés ressemblaient à des momies tant ils étaient emmitouflés! Aujourd'hui, les choses ont changé. D'abord, il n'est pas dit que dans les familles où l'on fait encore lit commun, certaines ne feraient pas différemment si elles en avaient le choix. De plus, en France, tout le monde dort à moitié nu et le corps à corps de nos ancêtres est devenu un peau à peau, de nos jours. Ce n'est pas tout à fait la même chose, en termes d'intimité avec le corps de la (ou des) personne(s) qui partage(nt) un lit. Mais on ne va quand même pas interdire aux parents de dormir nus si ça leur chante, parce que leur enfant débarque toutes les nuits dans le lit!

Le bébé, à portée de bras

Tout juste rentrée de la maternité, la nouvelle maman peut être tentée de dormir avec son nourrisson. Cela est ressenti comme un besoin physique, un moyen de prolonger la fusion mère bébé encore quelque temps. Il y a aussi des pères qui éprouvent un besoin viscéral d'avoir leur bébé près d'eux, à portée de corps. Souvent, ce sont des pères inquiets – du moins davantage que leur compagne –, qui laissent leur facette «papa-poule» s'exprimer la nuit. Il est vrai que les premiers moments de la vie avec un bébé comportent une part charnelle, où l'attachement des uns aux autres se fait aussi par ces corps à corps pleins de tendresse.

Alors, où faire dormir le bébé? Lorsque c'est possible matériellement, il n'est pas plus mal de donner une chambre au tout-petit. Elle ne servira sûrement pas les premières semaines: beaucoup de parents tiennent à avoir leur bébé dans leur chambre, voire dans leur lit, considérant ce corps à corps positif pour le tout-petit. En réalité, quand tout le monde dort, ce rapprochement nocturne ne présente pas d'intérêt pour le développement de l'enfant. En revanche, cela ne signifie pas qu'il faille l'exiler à l'autre bout de l'appartement. Plus il est petit, plus il doit rester à proximité de ses parents. S'il se réveille pour téter, c'est quand même plus commode de tendre les bras pour le prendre dans son berceau, plutôt que de traverser un appartement frisquet.

Jusqu'à ce qu'il fasse des nuits complètes, vers 6 mois (un peu avant ou après, selon les bébés), le tout-petit peut rester dans son berceau, dans la chambre des parents. Ensuite, il n'a plus besoin de dormir à portée de bras de ses parents. Il peut alors rejoindre sa chambre; cela n'empêchera personne de l'entendre s'il a besoin d'un adulte auprès de lui.

■ Avec un enfant plus grand

Très vite, dès 2 ans, certains petits escaladeurs «font le mur» de leur lit à barreaux pour rejoindre le lit des parents.

Il s'agit peut-être d'enfants anxieux, qui trouvent dans la chaleur corporelle de quoi calmer leurs angoisses. Mais ce n'est pas toujours le cas, certains deviennent des passagers clandestins à bord du lit parental par simple plaisir. «Ça a commencé au moment où mon mari se déplaçait beaucoup en province. Les enfants étaient petits, j'étais épuisée. Je n'ai pas beaucoup freiné la petite dernière quand elle est venue me rejoindre une nuit, puis deux, puis trois. L'habitude était prise; on l'a conservée en présence de mon mari. Et, aujourd'hui, ma fille a 6 ans; il faut qu'on fasse marche arrière, mais comment?» explique Léna. Ce n'est donc pas forcément parce que l'enfant ne va pas bien qu'il agit ainsi. Lorsque l'habitude s'installe, c'est aussi qu'on l'a laissée s'installer! Au-delà de l'indispensable surveillance que requiert le nouveau-né, il n'y a aucune nécessité à dormir avec l'enfant tout près de soi. Alors, il faut reconnaître que l'on dort ensemble par pur plaisir: c'est vrai, c'est doux et chaud, le bébé contre soi.

Le problème? Pour rentrer dans le sommeil, l'enfant ne réussira pas à trouver d'autres stratégies que le corps à corps avec l'un ou l'autre de ses parents. Lequel, d'ailleurs? Il est intéressant de regarder quel parent fait office de «bouillotte», et si l'enfant se place au milieu du couple, ou plutôt d'un côté du lit...

Au-delà de 3 ans, l'enfant, qui vient de rentrer dans la phase œdipienne, ressent et comprend les liens de désir amoureux et sexuel qui unit ses parents. Il perçoit aussi les enjeux sous-jacents; et il aimerait bien participer à ces divertissements.

▨ Renoncer à ce plaisir partagé

Éduquer un être humain, c'est précisément lui apprendre à renoncer à un tel lien incestueux. Et ce renoncement est nécessaire au bon développement de l'enfant. À partir de 3 ans, il peut donc être néfaste de le laisser dormir, selon son gré, dans le lit des adultes; il n'est pas exclu que ce corps à corps perturbe son développement affectif.

Ce désir incestueux est présent et très partagé. Présent, c'est chose normale; mais il est indispensable pour le développement harmonieux d'un petit enfant que les adultes réussissent à s'en priver. Et ce n'est pas parce que cela est réclamé par l'enfant et que les parents y trouvent du plaisir que cela est bon pour lui. Enfin, il serait faux de considérer la nuit comme un temps mort. La nuit, il se passe des échanges qu'on ne contrôle pas.

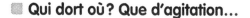 Qui dort où ? Que d'agitation...

Le risque, au bout d'un moment, c'est que l'arrivée de l'enfant donne lieu à une valse de partenaires : Junior arrive, bouge, gigote. Au bout d'un moment, le parent (par exemple la mère) le remet dans son lit. Une heure après, il se relève. Revient dans le lit parental. Ce coup-ci, c'est le père qui le recouche, reste un peu avec lui dans son lit. S'y endort. L'enfant en profite pour rejoindre sur la pointe des pieds la mère ; et le petit promeneur nocturne gigote, de nouveau, avant de trouver le sommeil dans le lit parental. Agacée, la mère finit la nuit sur le canapé du salon, ou partage le lit d'un autre enfant ! Au final, le lendemain, plus personne ne se réveille dans le lit où il a commencé sa nuit. Quelle virée nocturne... Si le manège se reproduit toutes les nuits, il est temps de se poser deux questions : ça fait plaisir à qui ? À l'enfant, d'accord, mais à qui d'autre ? Comment se passe la relation avec le conjoint ?

Faire écran à la sexualité parentale

Avoir son enfant qui dort à trente centimètres de soi ne facilite pas les ébats conjugaux. Délicate question qui

« Maintenant, tu restes dans ton lit ! »

fait débat sur l'oreiller. Certains avancent : « Mon bébé
ne comprend pas vraiment ce qu'il voit. » Cette position indigne les contradicteurs : « Impossible de se faire
un câlin à côté d'un tout-petit qui vous regarde, l'air
sérieux. » Et encore moins avec un enfant plus grand,
qui, bien qu'endormi, pourrait ouvrir l'œil à tout
moment. Les plus philosophes rétorquent que l'on peut
toujours faire des galipettes en début de nuit et
accueillir un enfant en fin de nuit. Certes, mais confusément, de nombreux parents sentent que quelque
chose cloche, dans ce lit qui n'est plus seulement partagé par deux personnes. Car dormir à trois, c'est ne
plus dormir à deux… Lapalissade ? Peut-être. Mais elle
a un sens : on ne fait pas un enfant pour rajouter une
personne dans son lit, mais pour en faire un petit
humain qui deviendra autonome. Par ailleurs, accueillir
son enfant, même pour une petite partie de la nuit,
c'est prendre le lit parental pour une sorte de place
publique, où l'on déboule à toute heure du jour et de
la nuit. Or, pour préserver leur intimité, les adultes
auraient précisément besoin de l'inverse : un lieu à eux
deux, dont ils disposent quand ils en ont envie… et non
quand la place est libre !

 La place du désir dans le couple

La question centrale serait donc de s'interroger sur ce que les adultes souhaitent faire pour entretenir la «petite flamme» dans le couple : «A-t-on encore envie l'un de l'autre ? Que fait-on pour maintenir le désir dans notre couple ou pour lutter contre sa disparition ?» Le sujet est délicat... Il l'est quelquefois tellement qu'on préfère inconsciemment éviter de l'aborder, et qu'on s'interroge, par ricochet, sur l'enfant. Pourquoi dort-il mal ? Pourquoi nous rejoint-il chaque nuit ? Il ne faudrait pas que l'arbre cache la forêt et que les interrogations autour de l'enfant empêchent les parents de se formuler – aussi – d'autres questions sur leur couple.

⇨ Pour la femme

Le cas le plus fréquent, c'est quand la mère est comblée par son enfant au point de négliger ou d'oublier son rôle d'amoureuse. Même si peu de mères en parlent spontanément, c'est une réalité que beaucoup vivent, au moins un temps : la maternité est un bouleversement, qui n'est pas sans conséquence sur le désir sexuel. La difficulté sera de retrouver un équilibre à deux, où l'enfant reste à sa juste place. Les parents ne pourront laisser leur relation à deux se diluer totalement dans le trio qu'ils constituent désormais avec le bébé. Mais, en même temps, ils ne pourront pas faire comme si rien n'avait changé, comme s'ils pouvaient dormir comme avant, ou sortir autant qu'avant. Tous ces réaménagements psychiques seront menés au moment précis où l'on est le plus fatigué, le plus vulnérable, et souvent, aussi, pour les nouvelles mamans, pas tout à fait au mieux de sa forme physique, avec quelques kilos en trop, et le baby blues qui s'invite au domicile familial!

⇨ **Pour l'homme**

Parfois, c'est le père qui se sert de la venue de l'enfant comme d'un «préservatif» du couple. Depuis que sa compagne est devenue mère, il ne la désire plus. Il n'arrive pas à faire coïncider ces deux images de mère et d'amante. Alors, il va utiliser la présence de l'enfant pour déserter le lit et justifier son absence de désir («Je suis si fatigué», ou «Si tu crois que j'ai la tête à ça, avec Théo à côté de nous!»). Comme si son enfant prenait sa place... Cette situation n'est pas positive pour l'enfant. S'il s'agit d'un garçon, il va se sentir coupable d'évincer son père, même si c'est inconsciemment ce qu'il cherche (du moins, à 3-6 ans, au moment de l'Œdipe). Cette culpabilité peut contrarier son développement, et surtout dégrader sa relation avec son père. Car d'ici peu, il est à parier que ce père envisagera cet enfant comme un rival amoureux. Cet antagonisme n'a pas lieu d'être.

Qui est complice du petit coucou?

Il y a des parents qui ont tellement souffert, quand ils étaient petits, de ne jamais pouvoir rejoindre leurs parents au lit, qu'ils se montrent très souples face aux désirs de leur enfant; ou bien ils répondent de façon excessive à ses angoisses, en leur apportant comme solution celle qu'ils auraient souhaitée pour eux-mêmes: rejoindre Papa-Maman dans leur lit! Ce phénomène d'identification à son propre enfant explique comment on arrive à se tromper. Ce n'est pas forcément dormir contre Papa-Maman dont cet enfant a besoin, mais peut-être aimerait-il une petite histoire en plus, le soir, ou une veilleuse au pied de son lit.
Il arrive aussi que les parents qui ont voulu, enfants, rejoindre leurs parents au lit ignorent que cette frustration pouvait être utile. Devenus parents à leur tour, ils refusent d'opposer un «non» ferme au désir de l'enfant, faute de voir le bénéfice qu'apporte ce refus.

Et dans la fratrie?

Le *cosleeping* dans la fratrie est-il politiquement plus correct que de dormir avec les parents? Pas sûr. Aujourd'hui, «dormir avec» a pris le sens de «coucher avec». «Oui, mais pas à 7 ans», s'exclament quelques-uns. Faites l'expérience: interrogez votre enfant, même de 6-7 ans, sur ce que signifie deux personnes qui dorment ensemble. Il vous répondra que ces deux-là sont amoureux ou mariés, et ne vont pas tarder à faire des bébés. Donc, deux enfants qui dorment régulièrement dans le même lit, même si cela doit rassurer l'aîné ou le petit, n'est pas sans signification. C'est comme si on les autorisait à se marier ensemble. Naturellement, cela ne doit pas empêcher de les faire dormir dans la même chambre! La taille des logements est telle que bien souvent on n'a pas d'autre choix que de regrouper tous les enfants dans un seul et même lieu. Si chacun a son lit et que les rythmes de la fratrie sont respectés, cela ne présente que des avantages. C'est rassurant d'avoir un complice tout près de soi pour lire en douce sous les draps et chuchoter quelques secrets, à l'abri des oreilles parentales.

«Pourquoi je dors seul, moi?»

Vous serez probablement bluffé par le sens de la dialectique de votre enfant: «Pourquoi je dormirais tout seul alors que vous dormez bien au chaud, l'un contre l'autre?» Pourquoi? Mais pour avoir le plaisir de grandir, justement! La réponse n'est pas si aisée, en réalité. Quelques parents se sentiront presque embarrassés de répondre. Comme s'ils étaient coupables d'être à deux; peut-être parce que, enfants, eux aussi trouvaient cette solitude nocturne injuste.

Pour répondre à cette légitime interrogation, on peut déjà dire à l'enfant qu'il n'est pas tout seul, puisqu'on est dans la maison avec lui; qu'il ne dort pas tout seul, puisqu'à ses côtés, il y a *Le Lapin bleu* et Marcel, son fidèle doudou. Enfin, on peut aussi rappeler qu'il y a des choses qu'on fait quand on est petit, et d'autres qu'on fait lorsqu'on est grand. C'est ainsi qu'on lui donne envie de grandir. Et ce qui est valable pour le sommeil, l'est aussi pour tous les pans de la vie. Quantité de parents montrent involontairement à leurs enfants que la vie des grands, ce n'est pas très rigolo. C'est pour cela qu'un grand nombre d'ados sont terrifiés à l'idée d'être comme les adultes qui les entourent. Il faudrait se rappeler à quel point l'enfant se construit par identification. En lui montrant combien la vie d'adulte comporte de menus et grands plaisirs, on lui donne envie de grandir, et le courage d'affronter – aussi – les tracas des grands.

Oui au cododo, non au *cosleeping*!

Préparer l'enfant à l'autonomie nocturne, cela passe par des étapes intermédiaires, qui lui apprennent à se détacher peu à peu de ses parents. De même qu'on ne demandera pas à un enfant qui n'a jamais fait de vélo de démarrer directement sans petites roues, on peut de temps en temps dormir avec son enfant, par exemple pour la sieste ou un petit roupillon du dimanche matin. Autrement dit, on autorise le cododo, qui a une note affective, mais pas le *cosleeping*, qui s'érige volontiers en principe éducatif!

Une petite heure de sommeil commun de temps en temps, cela fait plaisir à tout le monde, petits et parents. Cela montre à l'enfant que cette éducation à l'autonomie est progressive; c'est ainsi qu'on lui transmet le bonheur de dormir. Et cela ne remet pas en cause la règle de base, qui est: la nuit, c'est chacun dans son lit.

L'essentiel

■ Les partisans du *cosleeping* insistent sur les bienfaits de cette pratique pour l'enfant. Il serait plus exact de dire que cela fait plaisir à l'enfant – peut-être – et à ses parents, sûrement.

■ Au-delà de 3 ans, ce n'est pas sans effet de dormir avec son enfant, qui perçoit les enjeux sexuels existant dans le couple.

■ La présence de l'enfant dans le lit parental pose la question du désir dans le couple, modifié par la naissance de l'enfant.

■ Certains laissent leur enfant dormir avec eux, refusant de lui imposer la même frustration que celle qu'ils ont vécue, petits.

■ La nuit, c'est chacun dans son lit; mais de temps à autre, faire la sieste avec son enfant, ce n'est pas interdit!

Chapitre 5

Les bizarreries
de la nuit

Terreurs nocturnes, cauchemars, pipi au lit:
les nuits des petits sont régulièrement empoisonnées
par ces événements perturbants. D'où viennent ces
troubles de la nuit? Et comment les faire disparaître?

▨ La terreur nocturne

⇨ C'est quoi?

Tous les parents qui en ont été spectateurs – et victimes,
pourrait-on dire – savent la reconnaître. La terreur nocturne est un éveil brutal de l'enfant, accompagné de
pleurs ou de cris perçants, deux à trois heures après le
coucher, généralement à la suite d'une journée char-
gée en émotions, ou chez un enfant qui n'a pas son
quota de sommeil. Parler d'«éveil brutal» n'est pas très

exact: l'enfant dort profondément... Pas tout à fait du sommeil du juste, vu les cris qu'il pousse, mais il dort. Assis sur son lit, les yeux ronds comme des billes, vociférant des mots incompréhensibles, il s'agite, gémit, se débat et se rendort, aussi brutalement qu'il s'était réveillé. Vous, l'œil hagard et le cœur palpitant, vous êtes surpris de voir votre enfant de nouveau apaisé. L'épisode n'aura duré qu'une poignée de secondes, mais il est inquiétant: d'où vient ce dérèglement du sommeil? Qu'est-ce qui effraie tant l'enfant? Une terreur nocturne est différente d'un cauchemar, même si elle y ressemble en apparence: l'enfant «terrorisé» est en phase de sommeil lent très profond; donc, il n'est pas en train de rêver, à l'inverse de l'enfant qui fait un cauchemar.

⇨ Chez qui?

Cette bizarrerie du cerveau concerne principalement l'enfant de 4 à 12 ans, et environ 1 à 3 % des moins de 15 ans. Elle touche plus les garçons que les filles, et intervient plutôt en première partie de nuit, une à trois heures après l'endormissement, au cours du sommeil lent profond. Sans gravité, elle diminue puis disparaît le plus souvent au fur et à mesure du temps.

Deux facteurs semblent favoriser son apparition: la privation de sommeil et la fièvre. Dans le premier cas, tout se passe comme si, en début de nuit, l'enfant tombait dans un sommeil très profond, d'autant plus profond qu'il n'a pas fait sa sieste (s'il est encore en âge de la faire) et qu'il manque un peu de sommeil. Plongé dans un sommeil lent très profond, il ne peut pas se réveiller pour contrer la bizarrerie de son cerveau qui envoie ces images effrayantes. Puisqu'il dort, il ne peut lutter qu'avec son corps contre ces images parasites. D'où les cris, l'agitation, et l'absence de tout souvenir le lendemain. Dans le second cas, la fièvre perturbe le passage du sommeil lent profond au sommeil paradoxal, comme si l'enfant trébuchait en passant dans la phase de sommeil paradoxal.

⇨ **On fait quoi ?**

Le plus efficace serait de respecter des horaires de coucher réguliers et de ne pas jongler avec le temps de sommeil de l'enfant. On l'a vu, ce n'est pas parce qu'on le couche tard samedi soir qu'il dormira jusqu'à 11 heures dimanche matin : l'enfant se lève presque tout le temps à la même heure.

Pour lutter contre la fièvre, la prise de médicament (comme le paracétamol) devra couvrir la plus longue partie de la nuit, donc être administrée juste au moment du coucher. Cela permet au petit malade de dormir six heures sans fièvre.

La conduite générale à tenir est de ne pas réveiller l'enfant. Le forcer à s'éveiller pour lui dire que ses parents sont là et qu'il n'est pas parti du «côté obscur de la force» ne sert à rien. C'est même contre-productif: l'enfant dormait profondément au moment de la terreur nocturne, il n'a donc pas conscience d'avoir hurlé. Pas plus qu'il ne sait pourquoi il criait. Pour la même raison, il ne gardera aucun souvenir de l'épisode demain matin, quand son grand frère ronchonnera: «Tu as encore ululé cette nuit.» Commenter ces épisodes devant lui plus tard le plonge dans une grande confusion: il se rend compte qu'il perd le contrôle sur lui-même. Il y a en effet de quoi être perturbé! Tout cela ne doit pas empêcher le parent, au moment de la crise, de dire quelques mots rassurants à l'enfant. Vous n'avez pas l'impression qu'il vous entend? Quelques mots tendres ne nuisent jamais, et apaisent au moins celui qui les dit.

Ces manifestations sont plus fréquentes chez les enfants très sensibles et pudiques, dévoilant peu leurs émotions. Comme s'ils attendaient la nuit pour livrer en vrac – et sans la filtration du surmoi, leur «gendarme intérieur» – ce qui les trouble. Il est possible qu'en aidant un enfant très réservé à mettre des mots sur ce qu'il ressent, en échangeant avec lui sur les émotions ou les événements qui le perturbent, les terreurs nocturnes s'espaceront.

 Le somnambulisme

⇨ C'est quoi?

Quelque chose s'agite dans la chambre de l'enfant. Intrigué, vous allez voir… et vous tombez nez à nez avec votre enfant qui fait pipi dans son placard ou dans son chausson. S'il n'urine pas, il peut aussi déambuler dans l'appartement, ouvrir le frigo, puis faire demi-tour, laissant le frigo ouvert avant de filer dans la salle de bains, pour finir par se recoucher. Que cherche ce promeneur de la nuit? Il n'en sait rien. Il n'aura d'ailleurs pas de souvenir de sa déambulation.

Comme les terreurs nocturnes, le somnambulisme intervient en début de nuit, pendant le sommeil lent. Cette curieuse habitude n'est pas très rare: 15 % des 5-12 ans ont déjà vécu un épisode, et environ 5 % ont fréquemment des accès de somnambulisme.

⇨ Chez qui?

Sans qu'on sache très bien pourquoi, le somnambulisme touche plus les garçons que les filles. Dans tous les cas, une certaine hérédité familiale n'est pas à exclure. L'explication ne serait pas non plus seulement génétique. D'autres pistes restent encore à explorer: serait-ce un moyen supplémentaire que les garçons ont

trouvé pour se dépenser physiquement ? Plus sérieuse-
ment, des facteurs éducatifs joueraient probablement
un rôle. Mais personne ne sait vraiment lequel.

⇾ On fait quoi ?

Une fois qu'on a vérifié les risques de lésions ou d'acci-
dent (pour que l'enfant ne sorte pas dans la rue, qu'il
n'ouvre pas la fenêtre...), ces déambulations sont
impressionnantes mais sans gravité, réveiller l'enfant
n'est donc pas nécessaire. Tout cela disparaît avec
l'âge, et il ne restera de ces minibalades nocturnes
qu'une poignée d'anecdotes, que l'on raconte en
famille pour le plus grand bonheur du promeneur... ou
pour sa plus grande honte, selon les épisodes !

▨ Les cauchemars

⇾ C'est quoi ?

C'est un désagrément nocturne démocratique : 75 % des
enfants en ont déjà fait... ou en feront ! Contrairement
aux terreurs nocturnes, les cauchemars interviennent
pendant le sommeil paradoxal, plutôt en fin de nuit, près
de l'heure habituelle de réveil, et ne sont pas forcément
associés à des mouvements corporels. Donc, l'enfant est

en plein rêve; on pourrait dire que c'est un rêve à l'envers, tant ce qu'il y voit le bouleverse. Au sortir de ce cauchemar, il se réveille, plus ou moins capable de le raconter, selon son âge. Car le cauchemar ne s'oublie pas au réveil – c'est la grande différence avec la terreur nocturne. Sa victime s'en souvient le matin et, parfois, redoute l'arrivée de la nuit suivante, effrayée à l'idée de recroiser les monstres qui ont peuplé sa dernière nuit.

⇨ Chez qui?

L'âge idéal du cauchemar – s'il devait y en avoir un – est entre 4 et 7 ans. Qui sont les «héros» des cauchemars? Chez les plus jeunes, monstres et sorcières obtiennent un bon score, avec les peurs de dévoration qu'ils véhiculent. Le loup, lui, est en perte de vitesse auprès des enfants, tellement citadins qu'ils en oublieraient son existence. De même, l'ogre disparaît, lui aussi, peu à peu, des nuits agitées... Les cauchemars des plus âgés se peuplent de personnages inquiétants, par exemple des voleurs (d'enfants?), des vampires ou autres sorciers, qui feraient volontiers penser à Voldemor, l'ennemi de Harry Potter. Pour parler des cauchemars qui empoisonnent leurs nuits, les petits préfèrent les dessiner, tandis que les plus grands mettront des mots dessus. Dans tous les cas, les scénarios sont assez récurrents: abandon, dévoration, disparition, enfermement ou mort, thématiques agrémentées parfois de chute sans fin. Comment interpréter ces «rêves à l'envers», si sombres qu'ils dérangent parfois autant le parent que l'enfant qui le raconte? La sensation de chute pourrait être une peur de perdre pied ou une difficulté à faire face; quant au méchant qui peuple souvent le cauchemar d'un enfant, il peut être une part de lui-même que l'enfant n'assume pas et qui l'effraie. La même interprétation peut être avancée avec l'enfant abandonné: son rêve peut signifier à la fois sa peur réelle d'être abandonné... et sa volonté de prendre la tangente!

⇨ On fait quoi?

Ces cauchemars n'ont rien à voir avec des terreurs nocturnes, mais il n'est pas toujours simple de faire la différence en pleine nuit! L'ennui, c'est que selon les cas, la conduite à tenir est radicalement opposée. En cas de terreur nocturne, il ne faut pas réveiller l'enfant, qui se rendort souvent aussi brutalement qu'il s'était (à moitié) réveillé. En cas de cauchemar, l'enfant pleure, hurle et s'agite, mais, cette fois, il a besoin d'être rassuré par son parent, d'être câliné avant de retrouver ses esprits et un rythme cardiaque normal, encore assailli par la violence de ce qu'il vient de rêver. Exceptionnellement, devant un enfant qui raconte, hoquetant, un cauchemar rempli de bêtes monstrueuses et de serpents, on peut déroger à la règle du «chacun son lit». S'il est déjà 5 heures du matin et que prendre son enfant contre soi est le moyen le plus rapide pour que toute la famille dorme deux heures de plus, il serait dommage de s'en priver. Surtout si ce genre d'événement est rare: ce n'est pas parce qu'il dort trois fois par an quelques heures avec vous, qu'il débarquera toutes les nuits. Dans tous les cas, la mission du parent sera de rassurer l'enfant, quitte à cacher ses propres angoisses si le cauchemar qu'il décrit est vraiment effrayant. Ces mauvais rêves disparaissent d'eux-mêmes, au bout de quelques mois ou quelques années. En revanche, si les cauchemars persistent et signent, il faudra voir ce qui se cache, peut-être, derrière.

Le pipi au lit

⇨ C'est quoi?

Qu'est-ce qui explique que la vessie pleine et prête à se vider ne déclenche pas la fonction «réveil» dans le cerveau? Personne ne le sait. Il existe deux types d'énurésie: le premier, l'enfant n'a jamais été propre; le second, il l'était mais ne l'est plus. Dans le premier cas, pour faire face à cette immaturité physique, il sera utile de rappeler comment se fabrique le pipi, d'expliquer à quoi il sert et en quoi cette fonction est différente de la fabrication des bébés. Parler du pipi permet d'aborder la question du zizi, mais sous un éclairage différent! Ce sera aussi l'occasion de repérer les difficultés de l'enfant à grandir et à s'autonomiser. Dans le second cas, il traverse peut-être une phase délicate: complexe d'Œdipe, soucis familiaux, conflit à l'école. D'autres troubles moins visibles qu'il a perçus (fausse couche, dépression) peuvent également le troubler.

⇨ Chez qui?
8 à 12 % des enfants font pipi au lit à 6 ans; 2 à 3 % le font encore à 12 ans. Cela est plus fréquent chez les garçons, sans qu'on sache vraiment pourquoi.

⇨ On fait quoi?
Pour limiter les inondations, vous pouvez réduire les quantités de liquide, le soir; donner l'habitude à l'enfant de faire pipi avant et après les repas; vérifier qu'il n'a pas peur d'aller aux toilettes la nuit. Redonner confiance à l'enfant, souvent honteux de ces «oublis» nocturnes, est précieux: parler avec lui l'aidera à exprimer ses soucis, sa jalousie, son agressivité. Valoriser, aussi, le fait d'être grand – par exemple en faisant une acti-

vité seul avec Papa – lui donnera envie de grandir. Surtout si ses parents ont rappelé que même lorsqu'on est grand, on conserve toujours l'amour de ses parents. Dans tous les cas, pas question de gronder ou de punir l'enfant : il ne fait pas exprès de se réveiller dans des odeurs d'urine et un lit glacé ! 70 % des enfants dont les parents ont fait pipi au lit sont énurétiques ; voilà au moins une bonne raison de ne pas hausser le ton. Mais si l'énurésie persiste au-delà de 5 ans, une prise en charge psychologique sera utile.

Les autres bizarreries de la nuit

⇨ La somniloquie

« On a gagné ! » hurle votre fils en pleine nuit, avant de poursuivre son monologue dans un charabia incompréhensible. Au pied de son lit, vous le regardez… mais il dort à poings fermés. Parler en dormant n'est pas rare et ne nécessite aucun traitement. Cela passe avec l'âge, même si certains enfants resteront longtemps des bavards nocturnes ! Le plus curieux, c'est que quelques-uns arrivent à répondre à leurs interlocuteurs, d'où les fous rires chez les éveillés… Parfois, aussi, les bavards « sur l'oreiller » sont absolument incompréhensibles. Et alors, les auditeurs présents essaient de percevoir le sens général du charabia émis à voix haute. Ces manifestations désordonnées de langage ont à peu près la même valeur que les mouvements d'un corps qui dort. C'est-à-dire qu'il n'y a pas de quoi s'inquiéter. Même s'il est étonnant d'entendre son rejeton baragouiner une drôle de langue la nuit !

⇨ Le bruxisme

Grincer des dents la nuit, c'est intrigant, voire désagréable pour les voisins de lit ou de chambre, mais c'est sans gravité. Contrairement au bruxisme chez certains adultes qui peuvent se « limer » les dents à force de les faire grincer les unes contre les autres, pareille manifestation chez l'enfant est sans effet sur les dents. Leurs mâchoires sont moins musclées que celles des adultes, et ce phénomène s'estompe au fil du temps.

Le bruxisme est souvent associé à un état de tension affective ou d'agitation nocturne. Par exemple, un enfant qui grince des dents peut, dans la même période, faire des cauchemars. L'enfant aurait-il un souci, en ce moment ? Car le bruxisme évoque l'idée de quelque chose que l'on n'arrive pas à dire, comme s'il fallait serrer les dents pour que les mots ne sortent pas. Le plus simple est de balayer les causes psychologiques.

Au pire, il sera possible de poser des attelles sur les mâchoires pour éviter que les dents ne s'abîment.

⇨ Les rythmies d'endormissement

Oh, que ces balancements sont agaçants! Vous êtes dans la pièce à côté et vous entendez le lit qui fait «clong, clong» pendant vingt minutes, au rythme des balancements de votre enfant qui cherche le sommeil. La première fois, les parents s'alarment: voir son enfant se balancer ainsi fait penser à une maladie bien plus grave, l'autisme. Mais cela n'est pas inquiétant, c'est un rituel que l'enfant s'est inventé pour entamer sa nuit. C'est surprenant de l'entendre se cogner la tête ou déplacer son petit lit à roulettes. Si ces rythmies sont réservées au seul moment du coucher et ne se répètent pas dans la journée, il n'y a pas lieu de s'affoler.

⇨ Les myoclonies d'endormissement

Brutalement, alors que l'enfant est en train de s'endormir, une partie de son corps (le pied, le bras, par exemple) est prise d'une secousse. Là encore, il s'agit d'une curiosité sans aucune gravité; cette secousse est probablement signe d'un refus de lâcher prise, pour éviter de sombrer dans le sommeil. Ces fugaces incidents, qui arrivent pendant la transition veille-sommeil, sont plus fréquents chez les enfants qui résistent volontiers au sommeil que chez les autres.

Toutes ces curiosités de la nuit n'ont pas de gravité en elles-mêmes, y compris si elles s'installent dans la durée. Mais si elles sont associées à des cauchemars répétés, alors l'enfant vit probablement quelque chose qu'il n'arrive pas à régler.

L'essentiel

La terreur nocturne se distingue d'un cauchemar car l'enfant «terrorisé» dort profondément et n'en gardera donc aucun souvenir. Le réveiller ne sert à rien.

Un jour ou l'autre, tous les enfants font des cauchemars ; ces derniers débarquent plutôt en fin de nuit, au moment où l'enfant rêve. Il faut rassurer l'enfant qui se réveille, paniqué.

D'autres manifestations curieuses, comme le somnambulisme, le bruxisme, se produisent pendant la nuit : elles sont quelquefois gênantes, mais banales d'un point de vue médical.

Chapitre 6
Les répercussions
sur la vie de l'enfant

**Les conséquences d'un mauvais sommeil de l'enfant
ne tardent pas à se répercuter sur sa santé
et sa vie scolaire, mais pas seulement. Le plus souvent,
des nuits agitées perturbent aussi le quotidien
des parents et la vie de famille.**

▨ Enfant fatigué, enfant mal disposé !

Hier soir, tout le monde s'est couché tard, ou a mal dormi, cette nuit. Mais, ce matin, tout le monde est debout autour de 7 heures. Les enfants bâillent devant leur petit-déjeuner, répétant qu'ils n'ont pas faim ; en réalité, ils ont peut-être faim, mais ils ont surtout sommeil. À tout âge, le manque de sommeil se fait vite sentir et engendre d'autres troubles, qui compliquent la vie quotidienne. Prenez un enfant de 2 ou 3 ans qui n'a pas son comptant de sommeil, par exemple : il est grognon, il veut *Le Lapin bleu*, puis le jette par terre, quand on lui apporte ; il se met à pleurer parce que son camion de pompiers roule de travers... Un enfant qui pleurniche sans raison est souvent fatigué : vivement la sieste, qu'il se remette d'aplomb.

■ Nuit agitée, écolier excité

Le voilà devenu écolier. Maintenant, il faut le réveiller six fois chaque matin, le supplier de s'activer et de finir son petit-déjeuner. Arrivé à l'école, il oubliera sa fatigue grâce à ses copains, mais dès 11 heures, il se frotte les yeux, accusant un coup de pompe. Logique : un petit-déjeuner express ne nourrit pas son (petit) homme. Soit il s'affale sur sa table, attendant impatiemment l'heure de la cantine, soit il s'agite sur sa chaise, incapable de tenir en place. A priori, devant cet enfant monté sur ressorts, personne ne s'écrierait : « Pauvre chéri, comme il a l'air fatigué ! » Et pourtant, c'est la vérité. S'il s'agite autant, c'est pour tenir la fatigue à distance. Car il le sent, il dormirait sur place s'il ne poussait pas la machine en surrégime.

▇ L'impact de la « dette de sommeil »

On l'a déjà vu, les nuits de nos enfants ont raccourci, pour certains, de deux heures par rapport à la génération précédente. Nous pourrions nous dire : « On se fatigue moins aujourd'hui qu'hier. » Les écoliers, véhiculés par leurs parents, se déplacent moins à pied que nous le faisions. Au final, les enfants du XXIe siècle ont peut-être moins besoin de récupération physique (donc de sommeil lent) que nous-mêmes au même âge, mais avec toutes les connaissances qu'ils emmagasinent, ils ont autant besoin de récupération mentale (donc de sommeil paradoxal), aujourd'hui comme hier ! Le terme de « dette de sommeil » parle d'ailleurs de lui-même : un jour ou l'autre, un tel déficit se paie.

▇ Du côté des apprentissages

Comment repère-t-on la fatigue de l'écolier ? D'abord, par un trouble de l'attention. L'enfant se concentre difficilement sur sa leçon. Il a aussi du mal à respecter une consigne, à écouter le maître sans se dissiper, etc. Se comporter comme un élève lambda lui demande un véritable effort qu'il fournit avec peine, tant il est fourbu !

Les répercussions de la fatigue se manifestent dans les apprentissages; le sommeil intervient, en effet, dans la capacité à trier les données acquises dans la journée, à mémoriser les leçons d'aujourd'hui et à comprendre celles de demain. La nuit, on range, on trie, on crée de nouveaux dossiers, et l'on vide la poubelle de son ordinateur intérieur. Un enfant fatigué peine à se souvenir de la poésie apprise la veille au soir. Et comme c'est aussi pendant la nuit que se met en place la capacité à digérer les émotions, cet écolier est – en plus – prêt à fondre en larmes.

Le sommeil et la santé de l'enfant

Quand un trouble du sommeil est installé depuis long-temps, il peut entraîner plusieurs manifestations, notam-ment des problèmes de poids. C'est la nuit que l'enfant sécrète une hormone responsable de la sensation de satiété et du choix des aliments sucrés ou salés. Mais une perte de poids n'est pas à exclure, quand l'enfant perd l'appétit en même temps qu'un sommeil de qualité. C'est aussi pendant la nuit qu'ont lieu des événements essentiels à sa santé: construction musculaire, matura-tion du système nerveux, réparation des tissus (c'est la nuit qu'on cicatrise), fabrication des défenses immunitaires (en milieu de nuit, les lymphocytes sont à leur maximum), permettant à l'enfant de résister aux maladies.

Enfin, l'hormone de croissance est sécrétée pendant que l'enfant dort. Des nuits continuellement mauvaises ou trop courtes peuvent donc provoquer un retard de croissance. Mais c'est un cas extrême; on peut espérer qu'un enfant arrivé à ce stade de fatigue sera repéré à temps par le médecin traitant ou scolaire.

Quand l'enfant sera ado

L'adolescence vous paraît bien loin, vous qui êtes parent d'un CM1 de 9 ans. Mais écrire un chapitre sur les conséquences du manque de sommeil sans en dire un mot aurait été injuste, tant il y a à dire sur l'ado et le repos! Terminée, l'époque où les parents disaient «Au lit!» et où il obéissait. Rebelle, l'ado l'est devenu sur quantité d'actes, de jour comme de nuit. De nuit, surtout: car passé une certaine heure, tout le monde dort, sauf lui. Donc le monde lui appartient. Au fond, il sait bien qu'il tombe de sommeil. Mais il n'a guère envie d'écouter son corps. Et surtout, devenir grand, c'est s'opposer à ce parent...

Cet enfant qui dans cinq ans vous tiendra tête, c'est maintenant qu'il faut lui transmettre ce message précieux tout au long de sa vie : bien dormir, cela s'apprend. Et, pour être en forme, dormir assez est aussi indispensable que manger à sa faim. N'hésitez pas à le répéter, c'est aujourd'hui que votre enfant est le plus réceptif. Le bon sommeil de l'ado se prépare durant l'enfance.

■ L'ambiance à la maison

Faire ses devoirs, vivre avec sa fratrie sans se mettre en colère à la moindre frustration, se souvenir de ce que Papa vient de demander, comme tout cela est compliqué quand les yeux de l'enfant piquent et qu'il est énervé d'avoir mal dormi ! L'ambiance est explosive, surtout que d'autres membres de la famille sont probablement dans le même état. Le ton monte vite du côté des parents, tant l'enfant est incapable de se concentrer sur ses devoirs ou d'enregistrer qu'il doit ranger sa chambre. Tous les parents qui ont vécu des mois de nuits en pointillés se souviennent de ces soirées électriques, de ces week-ends au radar. Lisa, maman d'une fillette qui s'est réveillée chaque nuit jusqu'à ce qu'elle ait 3 ans et demi, avait une idée fixe : « Je ne pensais qu'à ça : me requinquer, dormir un week-end entier sans me lever.» Difficile d'imaginer qu'une telle fatigue n'engendre pas non plus quelques angoisses. Valérie, mère de deux garçons au sommeil très léger, témoigne: «J'en venais à appréhender les couchers. Avec mon mari, on allait au lit, en se disant que dans trois heures on serait debout. Rien de tel pour plomber le moral.»

La vie sociale forcément ralentie

Avec un enfant qui s'endort tard ou se réveille quatre fois par nuit, inviter du monde n'est pas commode: le maître (ou la maîtresse) de maison s'éclipse trois quarts d'heure pour coucher l'enfant, ou fait des allers-retours entre le salon et la chambre du petit toute la soirée. L'enfant s'est endormi? Cette fois, il est recommandé de parler à voix basse. Sinon, c'est reparti pour une série de berceuses...

Il n'est guère plus facile d'être invité avec son petit: vous serez tout aussi mal à l'aise de passer la moitié de la soirée à vous débattre avec votre enfant, qui n'a pas envie de dormir ailleurs que dans son lit, et de pouvoir enfin manger le tagine d'agneau froid... à 23 heures, alors que les autres convives ont fini le dessert.

Peu à peu, les soirées s'espacent. Un enfant au sommeil perturbé, comme un enfant désobéissant, a tendance à éloigner les amis! Mais vous n'êtes qu'à moitié contrarié car, passé 21 heures, vous n'aspirez qu'à une chose: dormir.

Les «bénéfices secondaires» d'être petit dormeur

Ils ont beau être fatigués, certains parents minimisent pourtant l'impact du manque de sommeil de leur enfant. Parce qu'eux-mêmes ne dorment pas bien, parce qu'ils pensent avoir besoin de peu de sommeil ou parce qu'ils reconnaissent chez leur enfant les craintes qu'ils ont vécues, petits, ils se montrent très tolérants face au sommeil perturbé de leur rejeton. «Il est bien comme nous», pensent-ils. L'enfant comprend vite qu'en dormant peu ou mal, il «grappille» quelques minutes d'attention parentale en plus... Et il y prend goût!

Il va falloir redresser la barre. Revisiter ses propres difficultés de sommeil permettrait de diminuer cette «hypervigilance» de parent angoissé par le sommeil, ou, à l'inverse, de modérer «l'hypertolérance» face aux réveils répétés de l'enfant.

Les risques de violence familiale

Perdre le contrôle de soi est plus facile de nuit que de jour. Pour peu qu'un parent manque de sommeil depuis des semaines, il risque, une nuit particulièrement agitée, de déraper. Agressivité, colère, fessée créent un cercle vicieux qu'il n'est pas simple de rompre.

C'est pour cela qu'un trouble du sommeil installé ne doit pas être pris à la légère, même si vous déclarez être un petit dormeur. Pour l'instant, vous tenez nerveusement, mais un jour, peut-être, vous-même ou votre conjoint n'en pourrez plus. Et vous direz ou ferez des choses que vous regretterez quelques secondes plus tard.

La zizanie dans le couple... et dans le modèle éducatif

Parce que c'est la nuit, parce que les parents sont épuisés, donc irritables, ils tâtonnent sur les positions éducatives à tenir, quand ils ne se disputent pas carrément. Des parents fatigués perdent vite toute cohérence éducative : l'un des deux crie, hurle, voire donne une fessée à l'enfant, puis le câline pour se faire pardonner son coup de sang. Il arrive, aussi, que les parents se chamaillent sur la méthode à adopter; l'un est partisan de la manière forte, l'autre non. À force d'être en désaccord, le ton monte entre les adultes.

L'essentiel

▣ Des nuits courtes ou en pointillés se répercutent sur l'ambiance en famille, d'autant que tout le monde est sur les nerfs.

▣ Une dette de sommeil se traduit par des difficultés à l'école, a des répercussions sur l'attention et l'apprentissage.

▣ Un déficit de sommeil installé peut perturber les sensations de satiété ou de faim, contrarier la croissance et favoriser les infections.

▣ Un trouble du sommeil engendre des risques de zizanie dans le couple et de violence familiale, physique ou verbale. D'où l'intérêt de ne jamais laisser une telle situation s'enkyster.

Chapitre 7

Passeport
pour une bonne nuit...

Avant de se mettre en pyjama et de plonger
avec délice sous sa couette, vérification express
que toutes les cases de la check-list « Pour une bonne
nuit de sommeil en famille » ont bien été cochées.
Révision des connaissances et chasse
aux mauvaises habitudes.

Les vraies bonnes raisons de mal dormir

Et si l'enfant avait de bonnes excuses de se réveiller ? Il
est peut-être mal installé, dans une chambre trop (ou
trop peu) chauffée. Parfois, il n'a pas eu une ration éner-
gétique suffisante, pour peu qu'il ait fait la grimace
devant la soupe du soir et peu goûté vers 17 heures. Qui
dort dîne ? Peut-être. Mais qui dîne dort sûrement mieux !

Car l'enfant doit résister à un «jeûne nocturne» d'une douzaine d'heures: un estomac un peu vide le réveillerait en milieu de nuit. Inutile pour autant de charger le dîner en calories: un repas comprenant des sucres lents (riz, pâtes, etc.) suffit et facilite l'endormissement.

Enfin, un enfant qui ne dort pas bien prend parfois des médicaments qui contrarient le sommeil, comme les corticoïdes (Solupred®, Celestène®) qui excitent l'enfant. Les traitements contre l'asthme peuvent aussi avoir des effets néfastes sur le sommeil.

■ Copier les bons dormeurs

Aller se coucher n'est heureusement pas synonyme de partir en enfer pour tout le monde. Il y a quantité d'enfants que les séparations n'inquiètent pas particulièrement, et qui ne sont pas envahis d'angoisse à la tombée du jour. Ce que l'on ressent le jour, on le ressent aussi la nuit. Dans la journée, ces enfants-là bénéficient d'un point d'attache, qui leur procure la sécurité intérieure dont ils ont besoin. L'adulte (père, mère, nourrice...) qui prend soin d'eux, émotionnellement et matériellement, a trouvé la bonne distance pour être présent (mais pas trop), suffisamment disponible et détendu pour permettre aux enfants de se détacher de lui sans angoisse et d'explorer la vie, de jour comme de nuit.

Pour ceux-là, le lit est un lieu de détente et de plaisir. Plaisir d'être au lit, à toute heure de la journée, pour s'y inventer des histoires avec ses peluches comme héros. Plaisir d'y lire, seul ou en compagnie d'un parent. Plaisir d'y rêvasser, d'y jouer, de rebondir sur le lit, de se cacher sous la couette pour faire des farces. Et, bien sûr, plaisir d'y être câliné par ses parents. C'est à ce prix-là que le lit s'inscrit dans la colonne «bien-être» plutôt que dans celle «contrainte». Et que se coucher deviendra peu à peu un bonheur et non une punition.

▪ Bouger dans la journée

C'est du bon sens, mais on dort mieux si on s'est fatigué que si l'on est resté inactif ou vautré devant la télé. Une activité d'endurance, vélo, marche, course ou natation, est tout indiquée pour permettre à l'enfant de se dépenser sans s'épuiser. Ces exercices physiques peuvent se pratiquer très tôt, dès 5 ans: jouer dans une piscine suffit à fatiguer un tout jeune nageur, pas besoin de lui demander de faire dix longueurs! Un petit tour à vélo, même avec des petites roues, suffit à détendre l'enfant. Pour les plus jeunes, un tour au parc, quelques courses faites à pied dans le quartier auront les mêmes bienfaits.

À chaque fois, préférez un rythme lent et une allure régulière, sans sprint ni à-coups: quand on pousse un peu fort la machine, le corps en «surchauffe» produit de l'acide lactique qui énerve et peut être anxiogène. À l'inverse, un effort produit de façon modérée prépare le corps à une bonne nuit. Autant que possible, ce sport se fera a l'extérieur, pour bénéficier de l'exposition à la lumière du jour, qui régule bien le sommeil.

Enfin, bouger, c'est parfait, à condition de le faire à 17 heures ou à 18 heures plutôt qu'après 19 heures ou 20 heures: tous les sportifs le savent, il est impossible de s'endormir après un exercice physique intense, quand on a l'impression d'avoir le corps qui bout encore! La température corporelle qui s'est élevée pendant l'effort doit redescendre pour que le corps se mette au repos. En cela, la natation est très adaptée: à la fin de la séance, l'enfant, tout à fait détendu, est douché sur place, habillé de son pyjama (ou d'un bas de jogging confortable dans lequel il dormira). Quelques minutes de voiture pour rentrer à la maison, un plat de pâtes, et tout le monde devrait dormir d'un sommeil de plomb.

La «musique» de votre enfant endormi

Pour un sommeil de qualité, il faut des voies respiratoires...
de qualité. D'où l'intérêt de vérifier, quand vous allez vous
coucher et que vous jetez un œil sur votre progéniture
enfin endormie, les bruits émis par votre enfant.
Quelquefois, il ronfle presque aussi fort que son père!
D'autres fois, il semble encombré, ou respire avec la
bouche. Il ne faudrait pas que ses problèmes de sommeil
soient liés, sans que personne l'ait diagnostiqué, à un problème ORL.

Ainsi, un gros ronfleur peut être victime d'un syndrome
d'apnée avec obstruction des voies respiratoires;
d'énormes amygdales obstruent la gorge et gênent la
respiration, provoquant des apnées du sommeil qui
posent de vrais problèmes de santé. On estime qu'un
ronfleur sur trois a des apnées du sommeil, et qu'un sur
dix a des problèmes de santé liés à ces apnées. Il est vrai
que les ronflements chez l'enfant cachent moins souvent des problèmes de santé que chez l'adulte, mais ce
n'est pas une raison pour passer à côté du diagnostic.

Il faudra donc en parler à votre médecin, pour qu'il vérifie le bon état de marche de tout l'appareil respiratoire.
Restent à identifier, quand ils surviennent, les ennemis
d'un sommeil de bonne qualité: un rhume qui traîne,

une allergie, des végétations enflammées, le surpoids, la position sur le dos, qui favorise l'obstruction.

◼ Une chambre correctement insonorisée

31 % de Français jugent leur chambre bruyante, trop perméable aux bruits des voisins ou de la rue; et deux tiers des sujets présentent des troubles du sommeil estiment que le bruit est à l'origine de leurs troubles.

À terme, cela risque d'alléger le sommeil ou de diminuer son pouvoir récupérateur. Depuis qu'il est fœtus, le tout-petit vit entouré de bruits. Il ne s'agit donc pas de les supprimer, mais plutôt de le protéger des bruits parasites (télé, véhicules qui freinent brutalement, éclats de voix...), qui sont différents du ronron permanent sans lequel il ne pourrait vivre.

◼ Un lieu rassurant

Autant que possible, l'enfant dormira dans un lieu qui lui procure du bien-être. Une condition à cela: il est probable qu'après 7 ans, le jeune locataire décore son espace selon des critères esthétiques légèrement différents des vôtres. Oui, les murs de cette chambre sont tapissés de posters de footballeurs (de chevaux, de princesses rose bonbon) et ce n'est pas vraiment votre idée du Beau... De même, le rangement est approximatif, mais c'est ainsi : c'est son univers, et tant que l'enfant respecte les règles du savoir-vivre en famille, les parents n'ont pas à s'affoler.

Par ailleurs, cette pièce ne doit pas devenir associée à la punition. Ainsi, dire «Va te calmer dans ta chambre» devrait être compris comme un repli stratégique vers son refuge, plutôt que comme un aller simple vers le cagibi, le temps de sa punition. Enfin, une chambre trop isolée du reste de la maison deviendrait inquiétante... Il n'y a rien de tel qu'un long couloir froid et sombre pour effrayer n'importe quel enfant en pyjama.

La petite lumière

Le noir effraie une majorité d'enfants. Mais il est très facile de neutraliser cette peur en branchant une petite veilleuse dans leur chambre, ou en laissant la lumière dans le couloir. D'ailleurs, quelques adolescents sont bien contents d'avoir des frères et sœurs plus jeunes qu'eux, qui réclament à grands cris de la lumière dans le couloir pour s'endormir. Cela leur évite de devoir avouer qu'eux non plus, ils n'aiment pas l'obscurité totale !

Une heure de coucher régulière

Il n'y a pas un bon moment théorique pour coucher un enfant. Ce sera à chaque parent expert de son propre enfant d'évaluer quel est le bon moment pour coucher cet enfant-là et pas un autre. Couché trop tôt, l'enfant va tourner et virer dans son lit pendant une heure, avant d'attraper son petit train du sommeil. On peut parier qu'il se relèvera, demandera à boire, aura bientôt envie de faire un petit pipi (c'est fatal...), etc. Le ton finira par monter, et tout le monde se couchera énervé : l'enfant en colère contre ses parents si sévères, et les adultes contre cet enfant récalcitrant à toute autorité.

Le coucher trop tard n'est pas non plus l'idéal : quand l'enfant est vraiment fatigué, il a tendance à se mettre en surrégime pour tenir le coup. Tous ceux qui ont essayé de coucher un enfant surexcité verront de quoi il retourne : il serait plus simple de coucher une tribu de kangourous que de faire entendre raison à ce jeune survolté...

Une fois qu'on a trouvé le bon créneau horaire, qui convient à cet enfant-là, et pas forcément à sa fratrie, on s'y tient. Un enfant a besoin de cette routine rassurante, même s'il affirme haut et fort qu'à 6 ans ou 8 ans, on peut bien se coucher tard de temps en temps. Ne cédez pas: il ne sait pas forcément ce qui est bon pour lui.

▦ Un temps de coucher adéquat

Coucher un enfant ne se résume pas à le faire s'allonger dans son lit! Autrement dit, remisez vos rêves de rapidité au placard et oubliez le film qui commence dans quatre minutes. Accompagner l'enfant dans son sommeil, c'est une série de petits rituels invariables, qui rassurent l'enfant, le préparent à dormir et sont à peu près incompressibles. Certes, les dents sont rarement brossées pendant trois minutes, comme le voudrait le dentiste, mais tout le reste prend du temps: en tout, on l'a vu, il faut compter trente minutes pour les moins impatients, quinze minutes pour les plus efficaces. Ce temps-là doit être une parenthèse dans la vie de l'enfant, un temps de détente et de régression.

Avant d'entrer dans le sommeil, on doit aussi s'être réconcilié avec les siens, alors évitez les sujets qui fâchent! Demain est un autre jour...

Et puis vient le moment où l'on s'en va; ce petit corps chaud qui vous dit: «Encore un bisou, Maman!» aura droit à un dernier baiser et puis c'est tout. Pas besoin de repousser indéfiniment le temps: vient forcément un moment où l'enfant se retrouve seul, sans la chaleur de son parent à côté de lui, sans une main qui lui caresse les cheveux. C'est ainsi, et c'est à l'adulte de refuser d'entrer dans le jeu du «Encore un».

Vive la routine!

Le rituel du coucher sert à bien se séparer pour bien se retrouver le lendemain matin. Ces petites habitudes mises en place par les parents et l'enfant doivent autant que possible être répétées chaque soir. «Pipi-les-dents-au-lit», répétaient nos parents... Aujourd'hui, la formule s'est enrichie d'une histoire, d'un câlin, d'un secret chuchoté. Cette répétition, c'est l'arme maîtresse de l'enfant pour lutter contre l'angoisse de la nuit. «Puisque les mots de Papa et Maman sont les mêmes, puisque c'est la même histoire ce soir qu'hier, je peux me laisser aller dans la nuit. Demain matin, mes parents seront toujours les mêmes, et toujours là», se dit-il.

Quand le sommeil s'annonce...

On rendra un grand service à l'enfant lorsqu'on l'aide à repérer les signes avant-coureurs du sommeil: les paupières sont lourdes, les yeux piquent, l'enfant bâille, il a froid, se recroqueville, cherche à appuyer sa tête devenue bien lourde, son attention se relâche, il devient grognon et éprouve le besoin de se frotter les yeux, les oreilles ou le nez, tentant ainsi de «réveiller» les zones sensibles de son visage. Ces signes apparaissent en début de cycle et durent une quinzaine de minutes, mais la volonté d'un enfant est telle qu'il peut lutter pied à pied, repoussant encore et encore l'heure du coucher. Un quart d'heure plus tard, il a gagné, pense-t-il: les signes s'estompent jusqu'au prochain cycle de sommeil.

La chasse aux mauvaises habitudes

⇨ Pas de jeux trop physiques

Quelques lecteurs de sexe masculin liront peut-être ces lignes avec un sourire en coin: «Et pourquoi pas des jeux agités, si ça fait plaisir à ma fille et à moi?» Certes, pourquoi pas? En fait, les jeux agités excitent l'enfant plus qu'ils ne le préparent à une bonne nuit de sommeil.

Cela n'empêche pas certains enfants de bien s'endormir après quelques chatouilles et trampolines sur le lit, ou un jeu de bataille avec un parent (le père, le plus souvent). Mais si on a le choix, autant se défouler avant le repas qu'au moment de se coucher.

⇒ Le biberon de la nuit

De nombreux enfants sont incapables de s'endormir ou de se rendormir sans un biberon d'eau, de lait chocolaté ou de jus de fruits. Ont-ils soif? Retrouvont-ils le sommeil en « tétouillant » leur biberon? Le résultat est là: ils ne se rendormiront que le ventre plein de liquide.

Si le verre d'eau posé sur la table de nuit ne présente aucun réel danger pour l'enfant (hormis celui d'être renversé au cours de la nuit), les biberons que certains jeunes enfants avalent en pleine nuit sont moins enthousiasmants d'un point de vue médical. D'abord, l'enfant se rendort le ventre plein, ce qui favorise des régurgitations. En position allongée, il ne digère pas les liquides comme il le fait debout. Des remontées de liquide mêlé à l'acide de l'estomac sont possibles. Ces remontées vont irriter l'œsophage et, si elles arrivent à la zone de jonction avec la trachée, elles peuvent créer des laryngites, voire redescendre dans les bronches (provoquant des bronchites ou de l'asthme). C'est aussi une prise calorique qui ne se justifie pas forcément si l'enfant a bien dîné. Passé les premiers mois où l'enfant a réellement besoin de s'alimenter en pleine nuit, ces ravitaillements tiennent plus de l'habitude que de la nécessité. De plus, ils provoquent un pic glycémique, empêchant l'organisme de réguler correctement le taux de sucre dans le sang.

⇨ «La télé, ça le calme en fin de journée»

La télévision donne parfois l'impression aux parents de canaliser l'énergie des enfants. Que la maison semble calme, quand les enfants regardent la télévision! En vérité, Benjamin n'est pas calme, mais hypnotisé par l'écran. Dès qu'on aura appuyé sur le bouton stop, il connaîtra un regain d'énergie, comme un ressort qui se détendrait brutalement. Vous le vérifierez auprès d'une fratrie: le temps de l'après-télé est souvent celui des disputes stériles, qui réduisent à néant vos efforts pour créer une ambiance propice au coucher!

⇨ Les «faux» rituels

Croyant bien faire, certains parents mènent chaque soir la chasse aux sorcières, ouvrent les armoires pour vérifier qu'aucun monstre ne s'y tapit, secouent les rideaux pour déloger les chauves-souris. À moins qu'il soit fait au second degré – et compris comme tel par l'enfant –, ce rituel risque de provoquer l'effet inverse de celui escompté. Comme si le parent semblait partager, même furtivement, l'angoisse de son enfant…, lequel ne tarde pas à penser: «J'ai bien raison de m'inquiéter, finalement.» De même, bannissez tous les rituels trop contraignants pour vous, ou qui durent des heures. Ce sont des moments de plaisir et de partage: ils ne doivent pas devenir une corvée pour le parent.

L'essentiel

Autant que celle de la journée, la routine du coucher est essentielle à l'enfant. Elle le rassure et facilite la séparation.

Il est difficile d'expédier le coucher d'un enfant: il faut quinze à trente minutes pour respecter tous les rituels.

Un enfant dort mieux s'il se dépense dans la journée.

Apprendre l'enfant à reconnaître les signes annonciateurs du sommeil l'aidera à s'y abandonner sans crainte.

Chapitre 8

Cette nuit,
tout le monde dort !

Cette fois, c'est décidé : vous-même ou votre conjoint, vous êtes trop fatigués pour accepter de mal dormir une nuit de plus, de vous relever trois fois ou de finir votre nuit, pliés en deux, sur le canapé mou du salon. Retrouver un sommeil de qualité, voilà le contrat que vous allez passer avec votre enfant. Les premières nuits seront peut-être rudes, mais ensuite, quel repos tout le monde aura gagné !

▨ L'heure du bilan

C'est quelquefois à l'occasion d'une visite de routine chez le médecin traitant, pour une petite maladie de l'enfance, qu'à la fin de l'entretien, le parent aux yeux cernés lance : « J'ai oublié de vous dire, le petit ne dort pas trop bien, en ce moment.» En fait de «pas trop bien», tout le monde dort d'un œil depuis des mois… Ou encore les parents consultent un pédiatre ou un pédopsychiatre pour en finir avec ces nuits terribles. C'est un moment important pour tous: le praticien interroge le parent et l'enfant pendant une trentaine de minutes, pour recueillir un maximum d'éléments concernant le moment du coucher, les rituels associés, les compagnons de la nuit de l'enfant, le déroulement habituel d'une nuit, comment et de quelle humeur l'enfant se réveille, etc.

Cette séance introductive est fondamentale pour les parents; ils ont besoin d'être tranquillisés, de savoir que la situation va rapidement s'arranger. Elle permet de leur redonner espoir pour qu'ils voient de nouveau leur enfant dans sa globalité et non plus seulement comme un symptôme («Il dort mal»). Cette étape permet aussi aux parents de faire la part des choses entre le sommeil et les autres soucis (au travail, en couple). C'est encore l'occasion de redistribuer les rôles pour soulager le parent qui se lève le plus la nuit. Une réorganisation qui réinsuffle de la force aux parents et met un terme à l'obnubilation dans laquelle ils vivaient depuis des semaines. Dorénavant, c'est de leur sommeil qu'ils vont se préoccuper, ou de leurs problèmes personnels s'ils en ont.

▓ L'heure du contrat?

Ce soir, c'est décidé, c'en est assez. Vous dites à l'enfant: «Ça ne peut plus continuer comme ça, il faut que tu dormes et nous aussi.» Y a-t-il un intérêt à formaliser cette décision sous forme de contrat? C'est une idée assez à la mode en matière d'éducation. Mais ce n'est pas vraiment un contrat à parts égales, puisque ce sont les parents qui en fixent les termes. Or un contrat décidé unilatéralement, qui n'engage qu'une des deux parties, cela s'appelle... un ordre.

Pour reprendre cette idée de contrat, il faudra donc qu'il existe un véritable engagement de part et d'autre: «Nous nous engageons à t'offrir une vie régulière, à respecter tes rituels de coucher, tes horaires, et à ne pas sortir tous les soirs. Et toi, tu t'engages à ne plus nous réveiller trois fois par nuit (ou à nous rejoindre dans le lit).» Sous cette forme, les deux parties consentent à faire des efforts pour un bénéfice qui profitera à tous.

▓ La grosse colère?

Une nuit, à 3 heures du matin devant le lit de votre enfant qui ne dort toujours pas, vous sentez la petite rage qui monte, qui monte. Un instant, vous hésitez : « Et si l'énorme colère qui m'envahit réussissait là où des années d'explications patientes ont échoué ? » C'est tentant… mais résistez, malgré tout.

Lorsqu'on se sent à bout de nerfs, mieux vaut tourner les talons en disant : « Je suis trop en colère, je m'en vais. » Ce faisant, on apprend à son enfant – mine de rien, c'est éducatif – qu'on a le droit d'être en colère, mais qu'on n'est pas obligé d'en faire profiter tout le monde. Quand on est hors de soi, au vrai sens du terme, s'en aller évite de faire des gestes ou de dire des mots qu'on regrettera dans une heure. Alors, on passe le relais lorsqu'il y a un autre parent disponible, tout près, ou bien on laisse l'enfant pleurer. Qui sait, c'est peut-être la méthode qu'il attendait ?

« On ne se relève pas dix fois »

Quand on sait qu'il y a des phases de sommeil profond et d'autres plus léger, on accepte l'idée que son enfant puisse s'éveiller un moment, puis se rendormir. De même, il peut retrouver sa sucette tout seul, ou s'en passer quelques minutes.

En pratique, que fait-on avec un enfant qui pleure toutes les deux heures? On retarde peu à peu le moment où l'on répond à ses pleurs. D'abord, la première nuit, le parent patiente cinq minutes avant d'aller voir l'enfant; puis dix minutes la deuxième nuit; quinze minutes la troisième, etc. Et, lorsqu'il rejoint l'enfant, le parent dit seulement: «C'est la nuit, on est là, il faut dormir.» Il remet en selle son enfant pour la suite de la nuit, comme il le ferait avec son enfant qui apprend à faire du vélo et qui vient de tomber. L'heure n'est pas aux câlins ni aux discussions; un mot tendre suffira.

Pour certains parents, c'est inhumain. Mais soyez honnête: cinq minutes de pleurs en plus ou en moins, alors que vous dormez mal depuis quatre ans, est-ce vraiment inhumain? C'est aussi à cette occasion que vous verrez que l'enfant n'a pas pleuré «toute la nuit», comme vous le croyiez, mais une vingtaine de minutes. C'est beaucoup, mais d'ici quelques jours, tout le monde dormira. La clé du succès? Soyez persuadé de bien faire...

« Tu ne te relèves pas dix fois »

Les enfants qui redoutent le moment où ils se sépareront de la famille ont besoin d'être préparés à ce qui va arriver: ils viennent à table en pyjama, pour qu'une étape soit déjà franchie. Après le repas, ils choisissent l'histoire du soir, et vous répétez: «Dans une demi-heure, je lis l'histoire, et après, au lit.»

Cette entrée progressive dans le sommeil calme leur angoisse, et ce d'autant plus qu'elle reprend la même routine chaque soir. D'ailleurs, cette régularité sera utile de nuit comme de jour: pour que l'enfant embarque chaque soir dans son train du sommeil, il lui faut dans la journée des rails stables, sans changement d'aiguillage tous les kilomètres.

Malgré ces préparatifs, il se relève dix fois par nuit? Le parent va devoir se lever (s'il est déjà couché) et ramener l'enfant dans sa chambre. Sans gronder, mais sans discuter non plus; sans quoi, il sera tenté de recommencer plus tard, pour grappiller un nouveau tête-à-tête avec son parent adoré! La répétition des mêmes gestes, le fait de ne pas céder à sa demande (dormir dans votre lit; encore un verre d'eau), vos réponses laconiques «On est là, ne t'en fais pas. Mais on verra tout ça demain, pour l'instant on dort» décourageront peu à peu l'enfant. À peine une minute qu'il s'est levé, et vous l'avez déjà recouché. Il le sent, vous referez pareil dans une heure. Cette attitude douce et ferme, qui n'offre aucune prise à la discussion, est votre meilleur atout. Si vous vous sentez fléchir, alternez: passez la main à votre conjoint.

Souvent, il suffit de questionner le parent pour l'aider à identifier pourquoi il culpabilise (si c'est le cas) ou pourquoi il pense que son enfant est malheureux, tout seul au fond de son lit. En fait, c'est sa propre angoisse que le parent revit par empathie avec lui, celle que ses parents, un peu rigides, n'ont guère écoutée. Tout cela, l'enfant l'a bien perçu. Puis un jour, vous serez convaincu que votre attitude ferme mais bienveillante ne le traumatisera pas à vie. Cela aussi, il le comprend vite. Et bientôt, soyez-en certain, il ne se relèvera plus la nuit.

▨ « Maintenant, tu te couches »

La formule est préférable à «Maintenant, tu dors». Un enfant, même très obéissant, ne peut pas s'endormir sur commande. En revanche, il comprend très bien que c'est l'heure de rester dans son lit, à faire une activité calme: lire une histoire ou regarder les images (selon l'âge), écouter de la musique sur son MP3 pour le préado, écouter *Boucle d'or et les trois ours* sur son magnétophone, jouer avec sa poupée, etc.

L'enfant l'a compris, il y a un temps avec ses parents, et un temps sans eux. Peu à peu, il se rend compte qu'il sait s'occuper seul dans son lit en attendant le sommeil. Cet apprentissage de l'autonomie avant le sommeil est très précieux car il prépare une autre étape, ô combien appréciée des parents: bientôt, il n'aura plus besoin de débarquer dans votre chambre, le samedi matin, à 7 heures, en claironnant: «Ça y est, j'ai fini de dormir!»

«Tu dors dans ton lit»

Dorénavant, c'est chacun dans son lit, la nuit. Ces nouvelles limites vont installer un autre rituel: ce n'est bientôt plus le corps à corps avec ses parents dont l'enfant aura besoin, mais de mots. Comme si vous remplaciez les parents doudous que vous êtes devenus, par des mots doudous. L'avantage? Le corps à corps exige la présence parentale, alors que vos mots tendres, l'enfant se les remémorera la nuit sans vous déranger. Ainsi, le jeune intrus aura de moins en moins besoin de vous pour trouver le sommeil et s'y sentir à l'aise.

Il continue à s'inviter dans votre lit? Imperturbable, vous le ramenez une fois, deux fois, cinq fois dans son lit, s'il le faut. Certains parents ont besoin d'un loquet sur la porte de leur chambre pour en interdire l'entrée à l'enfant : si on ne se sent pas capable de poser des limites, on peut adopter cette méthode pour un temps. Vous lui parlerez à travers la porte de la chambre. Au pire, il tambourine un moment, avant de s'endormir au pied de la porte! Encore une fois, répétez-vous que ça ne durera pas. Et que ça vaut le coup de «batailler» quelques nuits pour que la question soit réglée en dix jours.

Pour les parents adeptes un temps du *cosleeping*, et qui voudraient bien faire marche arrière, il sera difficile de passer du jour au lendemain du «tout contre soi» au «chacun dans son lit». Vous pouvez adopter une solution transitoire, en mettant un petit matelas au pied de votre lit. Mais installez-le avant de vous coucher. Vous le savez, la nuit, il est si difficile de dire «Non, pas dans notre lit!», d'aller chercher un matelas, un drap..., que, de guerre lasse, vous le laissez se rendormir contre vous. Ce coup-ci, le message est clair : l'enfant ne veut pas dormir dans sa chambre? D'accord. Mais il ne dort pas, non plus, dans votre lit. Ce camping dans votre chambre va l'amuser quelques soirs, mais très vite, soyez-en sûr, il réintégrera son lit autrement plus confortable que ce couchage de fortune!

«Tu n'auras pas peur du noir»

Apprivoiser le sommeil, c'est d'abord apprivoiser le noir et jouer avec l'idée de sommeil. Quand le parent joue avec son enfant, à la poupée par exemple, il glisse, l'air de rien: «La poupée va dormir, elle est fatiguée.» Ou bien ils jouent ensemble à colin-maillard pour que l'enfant s'habitue à l'obscurité. Ensuite, lorsqu'il raconte une histoire, le parent le fait dans la pénombre. Ainsi, ces ombres qui entourent le petit et son parent seront moins hostiles tout à l'heure, quand Papa ou Maman sera parti, puisqu'ils les auront partagées ensemble.

Le parent pourrait aussi demander à l'enfant de fermer les yeux, quand il lui raconte une histoire archiconnue (qui ne nécessite aucun support visuel) ou qu'il lui invente une histoire. Yeux fermés, l'enfant s'habitue à visualiser ce qu'on lui lit. Un excellent exercice, qui lui sera bien utile pour passer au suivant: préparer ses rêves. Pour l'aider à dompter ses peurs (du noir, et de la nuit, en général), on lui propose au moment de lui dire «Bonne nuit» d'amorcer le rêve qu'il fera cette nuit. Il démarre sa nuit en se racontant une histoire dont il est le héros (bien entendu), comme s'il se fabriquait son propre rêve! Enfin, on n'hésite pas à peupler les histoires de monstres... à une condition: qu'elles se terminent bien.

« Tu dormiras autant que tu en as besoin »

Comment savoir si votre enfant a besoin de dix heures de sommeil ou de huit heures ? Ces deux heures de différence sont cruciales : dans un cas, l'enfant sera fatigué s'il n'a pas son compte. Mais, envoyé au lit bien avant son heure théorique d'extinction des feux, il tempêtera contre ses parents, tournera, virera. Au point qu'il finira par rater son endormissement !

Le week-end ou, mieux encore, les vacances seront une période idéale pour connaître le quota d'heures de sommeil dont l'enfant a besoin. Laissez-le se coucher à peu près à l'heure qu'il souhaite, et laissez-le dormir autant qu'il le souhaite. Les premiers jours, son horloge biologique «sonnera» à l'heure de lever habituelle. Mais, peu à peu, l'enfant se décale. S'il se couche à 22 heures et se réveille tout seul à 9 heures du matin, c'est un gros dormeur ; il faudra veiller pendant les périodes scolaires à la longueur de ses nuits. Mais si, couché à 22 heures, il est debout (et de bonne humeur) à 7 heures, alors votre enfant avait raison de râler quand vous l'envoyiez se coucher à 21 heures. Il avait, en effet, probablement rendez-vous avec son marchand de sable une heure plus tard, vers 22 heures.

▨ « D'accord, tu peux rallumer ta veilleuse »

Un déménagement, l'entrée en petite section (pour un enfant qui n'a jamais été en collectivité), le nouvel emploi d'un parent qui modifie les horaires de la famille, un nouveau bébé à la maison ou une séparation se répercutent sur la qualité du sommeil de l'enfant.

Alors, il régresse. Il redemande sa veilleuse ? dort de nouveau avec sa tétine ? Accompagnez-le dans ce bref retour à l'étape précédente, en reprenant les rituels qui y étaient associés : la berceuse, la petite lumière, l'histoire… et, bien sûr, le rappel des règles. Ayez confiance en lui, cette régression est temporaire, liée à une raison objective d'être déstabilisé. Tout cela durera le temps qu'il vérifie ses capacités d'adaptation à cette nouvelle situation.

▨ Maintenir ou non la sieste ?

Quel dommage de bannir la sieste dès qu'on ne porte plus de couche ! Elle a mauvaise presse dans l'esprit de certains parents, qui se souviennent des siestes obligatoires et barbantes de leur enfance, et l'imaginent antagoniste avec le sommeil de la nuit. Or, si elle a lieu tôt, entre 13 h 30 et 15 heures, elle ne nuit pas à l'endormissement du soir puisque le sommeil de l'enfant peut être morcelé entre le jour et la nuit. Quant à sa durée, un cycle entier de quatre-vingt-dix minutes serait parfait.

À partir de 3-6 ans, les parents s'interrogent : quand doit-on la supprimer ? Si l'enfant dort trop, il ne se couchera pas facilement le soir. Mais s'il ne fait plus la sieste, ce sera une pile électrique au dîner. Mieux vaut-il se gâcher la fin de la journée ou la soirée ? La solution serait peut-être de proposer une sieste sur mesure, adaptée à l'humeur de l'enfant. S'il râle pour un rien, ne lâchez pas : aujourd'hui, c'est sûr, un petit somme le retapera. Proposez-lui parfois de la faire avec lui ; c'est un bonheur peu fréquent...

S'il dort très longtemps, faut-il le réveiller ? Organisez plutôt la sieste pour qu'elle soit distincte du coucher : on ne se met pas en pyjama, les rideaux ne sont pas forcément tirés. Dans l'idéal, ce seront les bruits ambiants de la maison, et non vous, qui tireront l'enfant du sommeil au bout d'un cycle ou deux.

Médicaments : attention danger !

Pour ceux qui y croient, l'homéopathie est parfois utilisée pour faciliter les bonnes nuits ; normalement, il y a un traitement par enfant, mais les médicaments le plus souvent prescrits en cas de troubles du sommeil sont *Pulsatilla, Ignatia, Gelsenium, Kalium phosphoricum*. Les parents pourraient aussi proposer des tisanes comme le tilleul, ou un verre de lait tiède et sucré, parfumé à la fleur d'oranger. Ce ne sont pas des remèdes miracles, plutôt des boissons chaudes... et préparées avec amour. C'est surtout ce dernier point dont l'enfant se délecte!

Par ailleurs, de nombreux enfants allergiques, enrhumés..., prennent pour traiter leur affection des médicaments qui favorisent la somnolence. Par exemple, les antitussifs opiacés, à base de codéine, calment la toux, mais assomment en même temps l'enfant! Certains antihistaminiques (anti-allergiques) entraînent, eux aussi, une somnolence. Le problème? Peu à peu, l'enfant s'accoutume aux doses, qu'il faut donc augmenter. Mais, surtout, le sommeil devient induit, comme si l'enfant associait le fait de dormir à un produit. À l'heure où doivent se mettre en place des régulateurs internes, inducteurs de sommeil, ce processus actif ne s'enclenche pas. À la place, l'enfant a trouvé un substitut médicamenteux; progressivement, sa capacité à s'endormir tout seul est altérée.

Utiliser ce type de médicaments pour favoriser l'endormissement est une pratique dangereuse: on n'apprend pas à l'enfant à réguler ses angoisses et son sommeil ainsi. De surcroît, ces médicaments perturbent le déroulement harmonieux des cycles du sommeil. Enfin, on peut penser que de trop fréquentes consommations de ces produits favorisent une toxicomanie future. Alors, oubliez-les…

L'essentiel

■ Vous êtes sur le point de craquer ? Ne cédez pas à la colère : tournez les talons et laissez l'enfant se calmer seul.

■ Apprivoiser ses frayeurs nocturnes peut se faire en jouant avec le noir et en habituant l'enfant à visualiser des histoires… ou les rêves qu'il se fabrique.

■ Soyez convaincu que les nouveaux principes que vous mettez en place pour recommencer à dormir correctement sont les bons.

■ Votre enfant ne sera pas traumatisé si vous le laissez pleurer dix minutes ou si vous ne le câlinez pas la nuit.

Chapitre 9
Les cas particuliers

Dans le principe, tout le monde est d'accord : il faut rester ferme, répéter à l'enfant qu'il est l'heure de dormir et plus celle de jouer ou de sauter sur le canapé. Chacun dort dans son lit, cette nuit. Oui, mais il y a des exceptions qui confirment la règle.

«Il/elle a une maladie grave ou chronique»

Avoir un enfant qui a été longtemps malade, ou qui a une maladie chronique, engendre un double sentiment chez ses parents, de protection et de culpabilité. Il leur sera difficile de résister à la demande de présence de l'enfant et ils le laisseront moins aisément seul et/ou sans surveillance, même si sa santé n'exige plus une vigilance de tous les instants. Cette très grande sollicitude des parents est le bénéfice secondaire que l'enfant tire de sa maladie, passée ou actuelle ; il faut bien qu'elle en ait au moins un. De plus, face à la maladie chronique, la réaction est fréquente d'imaginer que c'est de notre faute si l'enfant souffre d'une maladie génétique rare, s'il est asthmatique ou diabétique. La culpabilité rend le parent très attentif aux demandes de l'enfant. Trop, parfois: cette hypervigilance n'est pas réellement nécessaire à la santé de l'enfant. Mais c'est la seule façon qu'a trouvée le parent pour juguler ses propres angoisses.

Il arrive aussi que l'enfant malade, ou qui l'a été gravement, se vive comme fragile et dépendant; la maladie a généré une telle dose d'angoisse qu'il a peur du sommeil. Or tout enfant malade – même en cas de bobologie – régresse: il se fait servir par ses parents, les appelle d'une petite voix plaintive depuis son lit, pleurniche facilement, etc. Cette régression engendre une difficulté à se séparer et à être bien tout seul, sans un parent à portée de main. Cela dit, il existe aussi des cas où l'enfant et/ou ses parents refusent cette étiquette de fragilité: la vulnérabilité à vie ne doit pas être un «bénéfice secondaire» que la maladie procurerait à l'enfant...

▦ «L'un des parents s'absente»

Deux cas de figure se présentent.

• **Il manque un des gardiens du sommeil de l'enfant:** dans les familles où les deux parents jouent le rôle de gardiens du sommeil, il suffit de l'absence d'un des parents pour que tout l'édifice soit déséquilibré! Par exemple, si la mère travaille de nuit, l'enfant se sent à moitié sécurisé par la présence de l'autre adulte (le père, le beau-père ou une baby-sitter) qui veille. À ses yeux, cette présence ne signifie pas tout à fait la même chose que lorsque les deux parents sont là. D'autres fois, les parents sont souvent absents le soir parce qu'ils travaillent ou font la fête. Alors, les enfants doivent s'habituer à une ou plusieurs baby-sitters. Cette valse d'adultes ne favorise pas un sommeil de qualité, même si la fratrie semble bien réagir et utilise des moyens sécurisants: par exemple, les enfants dorment dans le même lit, l'aîné rassurant le plus jeune (ou l'inverse!).

• **L'absence d'un des parents lève un interdit:** ce qui «ne se fait pas» quand les deux parents dorment ensemble devient aujourd'hui permis. L'accès au lit maternel (ou paternel) est donc facilité. Si dans le même temps le parent présent se sent insécurisé, car sa solitude ravive des peurs enfantines ou pour d'autres raisons, alors, c'est comme si, inconsciemment, il organisait la venue de l'enfant dans son lit. Il aura beau râler contre Benjamin qui débarque avec son nounours à 3 heures de la nuit, au fond de lui, il n'est pas si mécontent d'avoir de la compagnie!

«Je vis seul(e) avec mon enfant»

Être à deux pour décider d'une ligne de conduite à tenir sur le sommeil de l'enfant ou sur le reste est plus facile que de devoir fixer, seul, les frontières entre ce qu'on fait et ce qu'on ne fait pas.

C'est encore plus difficile juste après la séparation, quand l'un des parents (ou les deux) est laminé par les semaines qu'il vient de vivre. Or, quand un parent ne va pas bien, l'enfant s'inquiète pour lui. Une fois arrivé dans sa deuxième maison, il ne dormira que d'un œil, sachant que le parent qui est resté seul déprime. Par ailleurs, après une séparation, les conflits qui surviennent immanquablement, le temps que tout le monde se rode à ce nouveau mode de vie, alimentent les difficultés de sommeil de l'enfant. Et parfois ceux de son parent: lui aussi, à son tour, aura du mal à se coucher, se réveillera dans la nuit, aura besoin d'une présence réconfortante à ses côtés pour se rendormir.

« Il y a du changement dans l'air ! »

Tout changement important dans la vie de l'enfant, que ce soit un événement heureux ou malheureux, représente un facteur d'énervement pour l'enfant. Ces étapes de la vie de l'enfant, que les parents considèrent comme faisant partie du cours des choses, sont vécues par l'enfant comme de petites révolutions. L'arrivée à la maternelle (s'il n'a jamais vécu en collectivité), le passage au CP, le nouvel emploi d'un parent qui modifie le rythme familial, l'arrivée au collège, un déménagement sont des étapes incontournables dans la vie de famille. Mais, du haut de son 1,25 m (ou un peu plus), c'est un événement majeur. Et comme tout ce qu'il vit le jour se ressent la nuit, il est possible que les nuits prochaines soient hachées.

Lorsqu'un bébé paraît, là encore, tout tangue : après l'annonce de la prochaine naissance, les questions (et parfois, les mauvaises nuits) qui ont suivi, le nouveau-né revient de la maternité. Cris du tout-petit, réveil dans la nuit, rivalité avec ce nouvel enfant qui pique la place de l'aîné dans le cœur des parents, les premiers mois avec un nourrisson à la maison sont agités psychiquement. Agitées, les nuits de l'aîné le seront peut-être aussi : ce sera sa manière de faire le ménage dans les angoisses qui surgissent. Il ne peut pas faire autrement, pour le moment ; les parents devront décrypter ce mode de communication. C'est fatigant ? Oui, mais c'est temporaire.

« Nous venons de vivre un événement douloureux »

Séparation, décès, maladie grave, ces événements se traduisent intensément et durablement sur le sommeil d'un enfant. Dans ces occasions douloureuses, l'enfant découvre que les parents aussi peuvent avoir du chagrin et que, dévastés par leur peine, ils ne peuvent plus assurer aussi bien que d'habitude leur fonction protectrice. La souffrance ressentie par l'enfant entraîne souvent une régression dans son comportement : pipi au lit, maladresse, chute des résultats à l'école, etc. Cette régression, on peut l'interpréter comme un moyen d'encaisser le choc. Comme si l'enfant se mettait en mode « veille » et fonctionnait au ralenti, canalisant son énergie psychique pour lutter contre la douleur qui l'envahit. Peut-être, aussi, pourrait-on comprendre cette régression comme la tentation de faire faire «marche arrière» au temps pour abolir cet événement qui cause tant de peine. Enfin, personne ne sera surpris que dans ces occasions tragiques les angoisses de la mort, liées au sommeil, soient ravivées plus ou moins intensément.

L'essentiel

L'absence d'un parent, temporaire ou régulière – si l'enfant ne vit pas avec ses deux parents –, peut perturber le sommeil de l'enfant.

Les changements dans la vie de famille se répercutent sur la qualité des nuits de l'enfant. Tout rentre dans l'ordre quand il réussit à exprimer autrement ses angoisses.

En cas de coup dur ou de maladie, il est fréquent que l'enfant régresse un temps et ait davantage besoin de ses parents.

Conclusion

Bien dormir n'est inné pour personne, ni pour le parent, – encore moins – pour l'enfant, dont le sommeil vient contrarier la force motrice. Il faudra du temps pour que s'installe un bon sommeil; du temps et de la patience, comme pour n'importe quel apprentissage. Lorsqu'un petit apprend à faire du vélo, il tombe, zigzague, repart. Au cours des prochaines nuits, dès qu'il trébuchera, il aura besoin que vous le remettiez «en selle». Avec tendresse, en étant convaincu qu'il est capable de dormir seul une dizaine d'heures, comme il est capable de faire un puzzle et de manger équilibré. Quand toute la famille aura retrouvé des nuits calmes, vous vous en voudrez probablement de ne pas avoir réagi plus tôt. Mais, en éducation, il n'est jamais trop tard pour bien faire. Le sommeil est la première étape de l'autonomie, sans doute pas la plus facile.

Une nuit de sommeil, c'est un voyage en solitaire que votre dormeur entreprend. Comme dans tout périple réussi, on revient toujours au point de départ. Frais et dispos, il vous retrouvera sur le quai... demain matin !

Remerciements

Pour leur éclairage précieux...

Au professeur Patrick Lévy, président de l'Institut de sommeil et de la vigilance.

Au docteur Sylvie Royant-Parola, psychiatre et neurobiologiste, présidente du réseau Morphée.

Au docteur Éric Mullens, spécialiste du sommeil dans le Tarn-et-Garonne.

À Sylvain Daniau, psychologue et spécialiste du sommeil de l'enfant.

... Et à nos parents respectifs, excellents gardiens de notre sommeil!

Bibliographie

CHALLAMEL, Dr M.-J. et THIRION, Dr M., *Mon enfant dort mal*, coll. «Pocket évolution», Pocket, 2005.

LECENDREUX, Dr M., *Réponses à 100 questions sur le sommeil*, Solar, 2002.

NEMET-PIER, L. , *Moi, la nuit, je fais jamais dodo...*, coll. «Le métier de parents», Fleurus, 2000.

ROYANT-PAROLA, Dr S., *Comment retrouver le sommeil par soi-même*, Odile Jacob, 2002.

Adresses

www.institut-sommeil-vigilance.org ou tél.: 01 48 56 27 87. L'Institut national du sommeil et de la vigilance fédère les principaux acteurs sur le sommeil en France.

www.sommeil.org: le sommeil des enfants expliqué aux parents et aux enfants, facile d'accès pour l'enfant.

www.reseau-morphee.org: pour tout connaître sur les troubles chroniques du sommeil.

www.svs81.org: des explications, des conseils, des enquêtes précieuses sur le sommeil.

Il existe une quarantaine de centres du sommeil en France (dans les hôpitaux). Leurs coordonnées figurent sur **www.sommeilsante.asso.fr** en cliquant sur « Trouvez les adresses utiles ».

Table

Introduction 7

Chapitre 1
▨ **Les voleurs de sommeil** 9
La vie moderne et le sommeil 9
Les Français dorment moins et moins bien 10
Un constat inquiétant pour la santé 12
Le sommeil a mauvaise réputation 13
Les enfants en dette de sommeil 14
La télé rivale du sommeil 15
Quel est l'impact de ce flot d'images? 16
Des écrans face à l'oreiller 17
La culpabilité des parents 18
Se séparer ou dire stop, c'est compliqué 19
Les croyances liées à la nuit.............................. 20
L'essentiel 23

Chapitre 2
▨ **Le B.A.-BA du dodo** 25
La vie, une affaire de cycles 25
L'éveil et le sommeil.. 26
Un cycle de sommeil.. 28

Sommeil lent, sommeil paradoxal 29
À quoi ressemble une nuit de sommeil? 29
Quand la nuit est trop courte 31
Couché tardif, lever tardif? 32
Le baromètre d'un bon sommeil......................... 33
L'essentiel 33

Chapitre 3
▓ **Quand la machine se grippe** 35
Âge par âge, les problèmes de sommeil........... 35
Portrait-robot de l'enfant fâché
avec le sommeil.. 40
L'essentiel 49

Chapitre 4
▓ **Le briseur d'intimité** 51
Dormir ou non avec son enfant? 51
Le bébé à portée de bras 53
Avec un enfant plus grand................................... 54
Renoncer à ce plaisir partagé............................ 56
Qui dort où? Que d'agitation… 57
Faire écran à la sexualité parentale 57
La place du désir dans le couple 59
Qui est complice du petit coucou? 61
Et dans la fratrie?.. 62
«Pourquoi je dors seul, moi?».............................. 63
Oui au cododo, non au *cosleeping*! 64
L'essentiel 65

Chapitre 5

Les bizarreries de la nuit 67

La terreur nocturne 67

Le somnambulisme 71

Les cauchemars.. 72

Le pipi au lit.. 75

Les autres bizarreries de la nuit 77

L'essentiel 80

Chapitre 6

Les répercussions sur la vie de l'enfant 81

Enfant fatigué, enfant mal disposé ! 81

Nuit agitée, écolier excité 82

L'impact de la «dette de sommeil» 83

Du côté des apprentissages 83

Le sommeil et la santé de l'enfant 84

Quand l'enfant sera ado 85

L'ambiance à la maison 86

La vie sociale forcément ralentie 87

Les «bénéfices secondaires»
d'être petit dormeur 88

Les risques de violence familiale 89

La zizanie dans le couple...
et dans le modèle éducatif 89

L'essentiel 90

Chapitre 7

▦ **Passeport pour une bonne nuit…** 91

Les vraies bonnes raisons de mal dormir 91

Copier les bons dormeurs.................................... 92

Bouger dans la journée....................................... 93

La «musique» de votre enfant endormi 95

Une chambre correctement insonorisée 96

Un lieu rassurant 96

La petite lumière 97

Une heure de coucher régulière........................ 98

Un temps de coucher adéquat 99

Vive la routine! 100

Quand le sommeil s'annonce… 101

La chasse aux mauvaises habitudes 101

L'essentiel 104

Chapitre 8

▦ **Cette nuit, tout le monde dort!** 105

L'heure du bilan 105

L'heure du contrat?.. 107

La grosse colère?... 107

« On ne se relève pas dix fois» 108

«Tu ne te relèves pas dix fois» 109

«Maintenant, tu te couches»............................... 111

«Tu dors dans ton lit» 112

«Tu n'auras pas peur du noir» 114

«Tu dormiras autant que tu en as besoin».......... 115

«D'accord, tu peux rallumer ta veilleuse» 116
Maintenir ou non la sieste? 116
Médicaments, attention danger! 117
L'essentiel 119

Chapitre 9
Les cas particuliers... 121
«Il/elle a une maladie grave ou chronique» 121
«L'un des parents s'absente»............................... 123
«Je vis seul(e) avec mon enfant» 124
«Il y a du changement dans l'air!».................... 125
«Nous venons de vivre un événement
douloureux» 126
L'essentiel 127

Conclusion 128
Remerciements.. 129
Bibliographie... 130
Adresses 131

AUTRES OUVRAGES DES AUTEURS

STÉPHANE CLERGET

Parents, osez vous faire obéir!,
(avec Bernadette Costa-Prades),
Albin Michel Jeunesse, 2007.

Comment survivre quand les parents se séparent,
(avec Bernadette Costa-Prades),
Albin Michel Jeunesse, 2004.

Séparons-nous mais protégeons les enfants,
Albin michel, 2004.

Nos enfants aussi ont un sexe, Laffont, 2001.

Adolescents : la crise nécessaire, Fayard, 2000.

*Ne sois pas triste mon enfant : Comprendre et soigner
la dépression chez les petits*, Robert Laffont, 1999.

ANNE LAMY

Je m'en fiche, j'irai quand même!,
(avec Patrice Huerre),
Albin Michel, 2006.

Un seul parent à la maison – Assurer au jour le jour,
(avec Jocelyne Dahan),
Albin Michel, 2005.

*Réussir la garde alternée – Profiter des atouts,
éviter les pièges*, (avec Gérard Poussin),
Albin Michel, 2004.

DANS LA MÊME COLLECTION

CLAUDE ALLARD ET CÉCILE DOLLÉ
Qu'est-ce qu'il y a à la télé ? – Aider nos enfants dans leur choix

NADIRA ANACLETO ET SYLVIE BAUSSIER
On me dit de l'emmener chez l'orthophoniste – Est-ce vraiment nécessaire ?

FRÉDÉRICK AUBOURG ET NADIA MILA
C'est comme ça, un point c'est tout ! – Quelle autorité dans la petite enfance ?

CLAUDINE BADEY-RODRIGUEZ ET RIETJE VONK
Quand le caractère devient difficile avec l'âge – Aider nos parents sans se laisser dévorer

DR PATRICK BEN SOUSSAN ET ISABELLE GRAVILLON
L'enfant face à la mort d'un proche – En parler, l'écouter, le soutenir

DR PATRICK BLACHÈRE ET SOPHIE ROUCHON
Petites infidélités dans le couple – Ça passe ou ça casse ?

STÉPHANE BOURCET ET ISABELLE GRAVILLON
Mon enfant a été agressé – Dans la rue, à l'école, à la maison...

CHRISTINE BRUNET ET NADIA BENLAKHEL
C'est pas bientôt fini, ce caprice ? – Les calmer sans s'énerver

DR DOMINIQUE-ADÈLE CASSUTO ET SOPHIE GUILLOU
Ma fille se trouve trop ronde – Que dire, que faire ?

GÉRARD CHAUVEAU ET CARINE MAYO
Il a du mal à apprendre à lire – Comment l'aider ?

DR STÉPHANE CLERGET ET PASCALE LEROY
Élever un garçon aujourd'hui – En faire un homme, pas un macho !

DR STÉPHANE CLERGET ET CARINE MAYO
Les pipis font de la résistance – Comment aider l'enfant à devenir propre ?

BÉATRICE COPPER-ROYER ET GUILLEMETTE DE LA BORIE
Non, tu n'es pas encore ado ! – Les 8-12 ans sont toujours des enfants

Béatrice Copper-Royer et Catherine Firmin-Didot
Lâche un peu ton ordinateur! – Comment mettre des limites?

Jocelyne Dahan et Anne Lamy
Un seul parent à la maison – Assurer au jour le jour

Bernard Geberowicz et Florence Deguen
On attend un nouveau bébé – L'accueillir dans la famille

Dr Patrice Huerre et Laurence Delpierre
Arrête de me parler sur ce ton! – Comment réagir?

Dr Patrice Huerre et Anne Lamy
*Je m'en fiche, j'irai quand même! – Quelle autorité avec
un adolescent?*

Ginette Lespine et Sophie Guillou
Surmonter le chômage en famille – Comment rebondir?

Pr Daniel Marcelli et Christine Baudry
*Qu'est-ce que ça sent dans ta chambre? – Votre ado fume-t-il
du hasch?*

Xavier Pommereau et Laurence Delpierre
En ce moment, mon ado m'inquiète – À tort ou à raison?

Gérard Poussin et Anne Lamy
Réussir la garde alternée – Profiter des atouts, éviter les pièges

Nicole Prieur et Isabelle Gravillon
Arrêtez de vous disputer! – Faut-il se mêler des conflits des enfants?

Emmanuelle Rigon et Marie Auffret-Pericone
Je rassure mon bébé – L'apaiser et l'encourager, de 0 à 2 ans

Myriam Szejer et Marie Auffret-Pericone
L'entrée à la maternelle – Une grande aventure pour l'enfant

Dr Marie-Claude Vallejo et Mireille Fronty
D'abord, t'es pas ma mère – Quelle place pour une belle-mère?

Gilles-Marie Vallet et Anne Lanchon
Moi, j'aime pas trop l'école – Le comprendre, l'aider

Conception graphique et réalisation : Louise Daniel.
Impression : Bussière en 2007.
Éditions Albin Michel, 22, rue Huyghens, 75014 Paris.
www.albin-michel.fr
ISBN : 978-2-226-16963-1
Nº d'édition : 25653. – Nº d'impression : 073732/1.
Dépôt légal : janvier 2008.
Imprimé en France.